COMPETÊNCIA PEDAGÓGICA DO PROFESSOR UNIVERSITÁRIO

Dados Internacionais de Catalogação na Publicação (CIP)
(Câmara Brasileira do Livro, SP, Brasil)

Masetto, Marcos Tarciso
Competência pedagógica do professor universitário / Marcos Tarciso Masetto. – 3. ed. – São Paulo: Summus, 2015.

Bibliografia.
ISBN 978-85-323-0641-8

1. Avaliação educacional 2. Educação baseada na competência
3. Ensino superior 4. Métodos de ensino – Planejamento
5. Professores universitários – Formação profissional – I. Título

11-01516   CDD-378

Índice para catálogo sistemático:
1. Competência pedagógica: Ensino superior : Educação   378

Compre em lugar de fotocopiar.
Cada real que você dá por um livro recompensa seus autores
e os convida a produzir mais sobre o tema;
incentiva seus editores a encomendar, traduzir e publicar
outras obras sobre o assunto;
e paga aos livreiros por estocar e levar até você livros
para a sua informação e o seu entretenimento.
Cada real que você dá pela fotocópia não autorizada de um livro
financia um crime e ajuda a matar
a produção intelectual em todo o mundo.

MARCOS TARCISO MASETTO

COMPETÊNCIA PEDAGÓGICA DO PROFESSOR UNIVERSITÁRIO

summus editorial

COMPETÊNCIA PEDAGÓGICA DO PROFESSOR UNIVERSITÁRIO
Copyright © 2003, 2012 by Marcos Tarciso Masetto
Direitos desta edição reservados por Summus Editorial

Editora executiva: **Soraia Bini Cury**
Editora assistente: **Salete Del Guerra**
Projeto gráfico e diagramação: **TypoDesign**
Capa: **Acqua Estúdio Gráfico**
Impressão: **Sumago Gráfica Editorial**

Summus Editorial
Departamento editorial
Rua Itapicuru, 613 – 7º andar
05006-000 – São Paulo – SP
Fone: (11) 3872-3322
Fax: (11) 3872-7476
http://www.summus.com.br
e-mail: summus@summus.com.br

Atendimento ao consumidor
Summus Editorial
Fone: (11) 3865-9890

Vendas por atacado
Fone: (11) 3873-8638
Fax: (11) 3872-7476
e-mail: vendas@summus.com.br

Impresso no Brasil

À Dayse, minha esposa, e
a meus filhos, Ana Helena e Victor,
com os quais ainda tenho a felicidade de conviver,
vivenciando juntos esta maravilhosa missão
de docente – educador no ensino superior.

Nos últimos sete anos, após a primeira edição deste livro, muitos outros colegas professores, orientandos e alunos vieram se unir àqueles que já faziam parte de nossa caminhada.
A todos que se fizeram amigos e companheiros de ideal e de jornada,
a todos vocês dedico estas páginas,
que retratam grande parte de aventura de nossas vidas!

Sumário

Introdução 9

1 Necessidade e atualidade do debate sobre competência pedagógica e docência universitária 13

2 Docência universitária com profissionalismo 23

3 Docente de ensino superior atuando em um processo de ensino ou de aprendizagem? 43

4 Interação entre os participantes do processo de aprendizagem 55

5 O docente do ensino superior e o projeto político pedagógico 69

6 O docente do ensino superior e o currículo de seu curso 75

7 Aula: ambiente de aprendizagem e de trabalho profissional do docente 85

8 Técnicas para o desenvolvimento da aprendizagem em aula 97

9 Seleção de conteúdos significativos para uma disciplina 159

10 Processo de avaliação e processo de aprendizagem 165

11 Planejamento de uma disciplina como instrumento de ação educativa 189

12 Formação pedagógica do docente do ensino superior 199

Bibliografia básica sobre formação pedagógica de docentes para o ensino superior 204

Introdução

Neste livro, recolho
As ideias, as experiências e os diálogos
Resultantes da interação com professores do ensino superior,
Individualmente ou em grupos,
Preocupados
Com a melhoria dos cursos de graduação, especialização,
[ou pós-graduação,
E com uma revisão e aperfeiçoamento de sua ação docente.
Essa vivência ocorreu
Mediante
Palestras, conferências, cursos de sensibilização e
[aprofundamento,
Assessorias a grupos de docentes,

Acompanhamento de projetos pioneiros em implantação,
Orientação de projetos de pesquisa de mestrado, doutorado e
[pós-doutorado,
Atividades de formação de professores
Em nível de graduação e pós-graduação,
Em ambientes presenciais e virtuais (a distância),
Em faculdades e institutos isolados,
Em universidades públicas e particulares, nos diferentes
[estados do Brasil,
Durante os últimos 40 anos.
Neste livro,
Faço um recorte
Que reúne e reorganiza ideias, reflexões e pesquisas
Realizadas
E em andamento.
Meu objetivo é, mais uma vez, como tenho feito até agora
[inúmeras vezes,
Dialogar com meus colegas docentes do ensino superior,
Abrir espaço, tempo e circunstâncias para trocarmos
Ideias, experiências didático-pedagógicas, sucessos,
[fracassos,
Alegrias, sofrimentos, realizações, frustrações, angústias
[e descobertas.
Por isso, este livro não terá um final,
Continuará aberto
Para análises, críticas, sugestões e proposições diferenciadas.
Mesmo para contestações de algumas ideias que aqui se
[apresentarem,
Ficarei muito contente em recebê-las
E, por intermédio de e-mails, cartas, ou de outros meios,
Darei continuidade a este diálogo.

Esta segunda edição é a expressão do reconhecimento que este livro manteve durante seus sete anos de existência.

* * *

A primeira edição foi o veículo de comunicação de milhares de professores de todo o Brasil. Foram recebidas muitas críticas e elogios, principalmente pela linguagem simples e direta que permitiu aos professores das mais variadas áreas lê-la e aplicá-la em suas aulas.

As reflexões que a partir deste livro ocorreram (em cursos de especialização e de pós-graduação), as citações e os comentários sobre seu conteúdo, que se tornaram debates em tantas dissertações e teses, e as sugestões recebidas por ocasião dos encontros com docentes do ensino superior em todo o Brasil levaram-me a atualizá-lo em vários pontos. Informações foram revistas para ampliar, aprofundar conceitos, debater novas ideias e novas práticas pedagógicas. A bibliografia foi completamente atualizada para divulgar tantas novas publicações de editoras nacionais e internacionais.

É com essa aura de novidades, de questões abordadas sob novas luzes, mantendo uma linguagem clara para todos os docentes que confio a todos a segunda edição. Tenho certeza de que ela manterá a mesma tradição da primeira e de que continuarei com o diálogo com todos os professores que desejem rever e aperfeiçoar sua docência.

(1)
Necessidade e atualidade do debate sobre competência pedagógica e docência universitária

Iniciar as reflexões deste livro explicitando a necessidade e a atualidade de discutir a competência pedagógica e a docência universitária tem sentido segundo as considerações de muitos professores do ensino superior que, levando em conta a própria formação e suas experiências profissionais e docentes, concluem que tudo está muito bem: veem-se como profissionais bem--sucedidos e professores que ensinam bem suas matérias. Então, perguntam o porquê de debater novas exigências ou possíveis modificações na sua ação docente.

É a esta primeira questão que se deseja responder. Para isso, serão apresentadas três considerações.

A primeira diz respeito a refletir sobre a *estrutura organizacional do ensino superior* no Brasil, que de seu início até os tempos atuais privilegiou o domínio de conhecimentos e experiências profissionais como únicos requisitos para a docência nos cursos superiores.

O embasamento para tal atitude é tanto o modelo de ensino superior implementado no Brasil (o modelo francês napoleônico — cursos profissionalizantes) quanto a crença de que "quem sabe, sabe ensinar".

Os cursos superiores e, posteriormente, as faculdades que foram criadas e instaladas no Brasil, desde seu início e nas décadas posteriores, se voltaram diretamente para a formação de profissionais que exerceriam determinada profissão. Currículos seriados, programas fechados em que constavam apenas as disciplinas que interessavam imediata e diretamente ao exercício daquela profissão, procurando formar profissionais competentes em determinada área ou especialidade.

Tem-se procurado formar profissionais mediante o processo de ensino em que conhecimentos e experiências profissionais são transmitidos de um professor que sabe e conhece para um aluno que não sabe e não conhece, seguido por uma avaliação que indica se o aluno está apto ou não para exercer determinada profissão. Em caso positivo, recebe o diploma ou certificado de competência que lhe permite o exercício profissional. Em caso negativo, repete o curso.

Quem é esse professor?

Inicialmente, esse professor é alguém formado por uma universidade europeia. Logo depois, com o crescimento e a expansão dos cursos superiores, o corpo docente precisou ser ampliado com profissionais das diferentes áreas de conhecimento — os cursos superiores ou as faculdades procuravam indivíduos renomados, com sucesso em suas atividades profissionais, e os convidavam a ensinar seus alunos a ser tão bons profissionais como eles eram.

Até a década de 1970, embora já estivessem em funcionamento inúmeras universidades brasileiras e a pesquisa fosse, então, um investimento em ação, praticamente eram exigidos do candidato a professor de ensino superior o bacharelado e o exercício competente de sua profissão. A partir da década de 1980, além do bacharelado, as universidades passaram a exigir cursos de especialização na área. Atualmente, exige-se mestrado e doutorado. Pode-se observar, porém, que as exigências continuaram as mesmas, pois referem-se ao domínio de conteúdo em determinada matéria e experiência profissional.

Essa situação fundamenta-se em uma crença até há pouco tempo inquestionável mantida tanto pela instituição que convidava o profissional a ser professor quanto pela pessoa convidada a aceitar o convite feito: *quem sabe, automaticamente sabe ensinar*. Ensinar significava ministrar aulas expositivas ou palestras a respeito de determinado assunto dominado pelo conferencista, mostrar na prática como se fazia — e isso qualquer profissional saberia fazer.

Recentemente, professores universitários começaram a se conscientizar de que seu papel de docente do ensino superior, como o exercício de qualquer profissão, exige capacitação própria e específica que não se restringe a ter um diploma de bacharel, de mestre ou doutor, ou apenas o exercício de uma profissão. Exige isso tudo e competência pedagógica, pois ele é um educador, alguém que tem a missão de colaborar eficientemente para que seus alunos aprendam. Esse é seu ofício e compromisso. Para se desempenhar bem esse papel, o professor necessita de uma formação pedagógica. Entende-se, então, que ainda tem sentido o debate dessa temática.

A segunda consideração coloca o leitor diante de uma nova situação que se vive na sociedade atual: o *impacto das tecnologias de informação e comunicação sobre a produção e socialização do conhecimento e sobre a formação de profissionais* com o surgimento da Sociedade do Conhecimento ou da Aprendizagem.

Atualmente, o conhecimento apresenta-se com uma multiplicidade quase infinita de fontes de sua produção, enquanto até bem pouco tempo poderia-se dizer que as universidades se constituíam no grande e privilegiado *locus* de pesquisa e produção científica. Recentemente, as investigações e a consequente produção de conhecimento partem de outros espaços, como dos organismos e institutos de pesquisas que não se encontram vinculados à universidade, dos laboratórios industriais, das empresas, das ONGs, de organismos públicos e privados voltados para projetos de intervenção na realidade e realizadores de programas e políticas governamentais em todos os níveis. Pode-se produzir conhecimento em escritórios de atividades profissionais, e até em bancas domiciliares, graças aos computadores.

Ao mesmo tempo que as fontes de produção de conhecimento se multiplicaram, o ingresso a ele também se transformou: acesso imediato em tempo real às pesquisas, a periódicos, artigos, livros, palestras, conferências, sites e ao próprio pesquisador e especialista que publica. Um simples e-mail pode dar início ao diálogo com o protagonista daquele último artigo ou livro publicado ou daquela conferência proferida.

Por causa do desenvolvimento do conhecimento e sua produção, as áreas da ciência se aproximaram: os fenômenos a serem explicados e compreendidos exigem mais do que apenas uma abordagem, um especialista, uma explicação. A multidisciplinaridade e a interdisciplinaridade são chamadas para trazer sua contribuição ao desenvolvimento da ciência. A interação entre as ciências exatas e humanas torna-se uma exigência para o desenvolvimento do mundo e da comunidade humana.

O conhecimento volta-se para a compreensão do mundo, da sua evolução e de seus fenômenos. As ciências tecnológicas, suas projeções e conquistas sempre maravilhosas não existem se não estiverem ligadas ao homem, à comunidade humana, a sua evolução e ao desenvolvimento dos povos. Por isso, há quem denomine esta sociedade como *learning society*, ou seja, uma sociedade em que o homem pode pensar e realizar seu desenvolvimento pessoal e social com uma perspectiva de totalidade em aspetos educacionais, políticos, éticos, econômicos, culturais, de direitos individuais e responsabilidades sociais, enfim, da própria cidadania. Por isso, uma aprendizagem ao longo da vida, *life long learning*, para além dos espaços escolares e presente durante toda a existência humana.

Nessa sociedade em constante transformação e autocriação, no dizer de Hargreaves, o conhecimento é um recurso flexível, fluido, em processo de expansão e mudança incessante. Na economia do conhecimento, as pessoas não apenas evocam e utilizam o conhecimento especializado externo das universidades e de outras fontes, mas conhecimento, criatividade e inventividade são intrínsecos a tudo o que elas fazem. (Hargreaves, 2004, p. 32)

O mesmo autor, mais adiante, comenta ainda que

ensinar na sociedade do conhecimento, e para ela, está relacionado à aprendizagem cognitiva sofisticada, com um repertório crescente e inconstante de práticas de ensino informadas por pesquisas, aprendizagem e autoacompanhamento profissional contínuo, o trabalho coletivo [...] desenvolvimento e utilização da inteligência coletiva e cultivo de uma profissão que valorize a solução de problemas, a disposição para o risco, a confiança profissional, lidar com a mudança e se comprometer com a melhoria permanente. (Hargreaves, 2004, p. 45)

O novo mundo do conhecimento aparece ao professor.

Antes, o professor poderia ser considerado um *expert* em determinada área de conhecimento que domina, compreende e sintetiza, representando o conjunto de informações daquela área a ser transmitido aos alunos, a fim de que se formem profissionais competentes. Atualmente, ele se pergunta como trabalhar com a quantidade de informações que está disponibilizada para todos, inclusive para seus alunos, que podem trazer novos dados e questionamentos para a aula.

O professor se pergunta como dar conta de estar atualizado com todas as informações existentes e como passá-las aos alunos com sua carga horária e programa estabelecidos; como ajudá-los a acessar à internet e retirar dela, com criticidade, as informações que são relevantes; por final, eis a grande questão que se faz: o que se deve ensinar (ou o que o aluno precisa aprender) para se formar um profissional competente?

De uma coisa o professor começa a desconfiar: ser um *expert* em determinada disciplina, que afunila sinteticamente para o aluno o conjunto máximo de informações que ele precisa ter, não é mais o seu papel de professor? Qual é então? Como trabalhar com os conteúdos em aula?

Hargreaves também se propõe a mesma questão e ousa respondê-la indicando algumas pistas. Para ele, os professores se verão na necessidade de

> promover a aprendizagem cognitiva profunda, aprender a ensinar por meio de maneiras pelas quais não foram ensinados,

comprometer-se com aprendizagem profissional contínua, trabalhar e aprender em equipes de colegas, desenvolver e elaborar a partir da inteligência coletiva, construir uma capacidade para a mudança e o risco, estimular a confiança nos processos. (Hargreaves, 2004, p. 40)

Toda essa revolução no campo do conhecimento informa que há sentido e atualidade no debate sobre novas exigências ou possíveis modificações na sua ação docente.

A terceira consideração diz respeito às carreiras profissionais, que também estão sendo revisadas com base nas novas exigências que são feitas em razão da mudança que se vive atualmente: formação continuada dos profissionais, bem como novas capacitações, como, por exemplo, adaptabilidade ao novo, criatividade, autonomia, comunicação, iniciativa, cooperação.

São necessários profissionais intercambiáveis que combinem imaginação e ação. Eles devem ter capacidade para buscar novas informações, saber trabalhar com elas, intercomunicar-se nacional e internacionalmente por meio dos recursos mais modernos da informática. Precisam mostrar-se competentes para produzir conhecimento e tecnologia próprios que os coloquem, ao menos em alguns setores, numa posição de não dependência em relação a outros países e preparados para desempenhar sua profissão de forma contextualizada e em equipe com profissionais não só de sua área. Saber exercer a profissão com vistas a promover o desenvolvimento humano, social, político e econômico do país é uma habilidade importante.

Em virtude dessas considerações, o ensino superior não pode deixar de rever seus currículos de formação dos profissionais. Não pode, também, querer revê-los apenas sob a ótica dos especialistas da instituição (os professores). A universidade precisa sair de si, arejar-se com o ar da sociedade em mudança e das necessidades desta, e então voltar para discutir com seus especialistas as mudanças curriculares exigidas e compatíveis com seus princípios educacionais.

Algumas linhas a respeito das mudanças curriculares destacam-se como importantes:
- formação profissional simultânea com a formação acadêmica por meio de um currículo dinâmico e flexível, que integre teoria e prática, em outra organização curricular que não aquela que acena apenas para o estágio de fim de curso como alternativa para aprender profissionalmente;
- revitalização da vida acadêmica pela participação de professores e alunos em ambientes profissionais e exploração das novas pesquisas;
- desestabilização dos currículos fechados, acabados e prontos;
- redimensionamento do significado da presença e das atividades a serem realizadas pelos alunos nos cursos de graduação nos mais diferentes espaços, visando dinamizar e incentivar o processo de aprendizagem;
- ênfase na formação permanente que se inicia nos primeiros anos de faculdade e se prolonga por toda a vida.

Além dessas três considerações, não se poderia deixar de lado o apelo da Unesco, na *Declaração Mundial sobre Educação Superior no Século XXI*, de 1998, para demonstrar a atualidade do debate sobre a competência pedagógica e a docência universitária. Com efeito, a Unesco convida os docentes do ensino superior a ver a missão da educação superior como:
- "educar e formar pessoas altamente qualificadas, cidadãs e cidadãos responsáveis [...] incluindo capacitações profissionais [...] mediante cursos que se adaptem constantemente às necessidades presentes e futuras da sociedade";

- "prover oportunidades para a aprendizagem permanente";
- "contribuir na proteção e consolidação dos valores da sociedade [...] cidadania democrática, [...] perspectivas críticas e independentes, perspectivas humanistas";
- "implementar a pesquisa em todas as disciplinas, [...] a interdisciplinaridade";
- "reforçar os vínculos entre a educação superior e o mundo do trabalho e os outros setores da sociedade";
- "novo paradigma de educação superior que tenha seu interesse centrado no estudante [...] o que exigirá a reforma de currículos, utilização de novos e apropriados métodos que permitam ir além do domínio cognitivo das disciplinas";
- "novos métodos pedagógicos precisam estar associados a novos métodos avaliativos";
- "criar novos ambientes de aprendizagem, que vão desde os serviços de educação a distância até as instituições e sistemas de educação superior totalmente virtuais".

Em síntese, atualmente, docentes de educação superior devem se ocupar sobretudo em ensinar seus estudantes a aprender e a tomar iniciativas, em vez de serem unicamente fontes de conhecimento. Devem ser tomadas providências adequadas para pesquisar, atualizar e melhorar as habilidades pedagógicas por meio de programas apropriados ao desenvolvimento de pessoal.

Esse texto da própria carta da Unesco foi dirigido diretamente a docentes. Segundo o autor, confirma a necessidade e a atualidade do debate sobre a competência pedagógica e a docência universitária, que são os objetos deste livro — não que o que foi aprendido até aqui tenha sido ruim ou pernicioso, mas porque o mundo se transformou. A sociedade brasileira está imersa em mudanças que afetam o próprio coração da universidade (conhecimento e formação de profissionais), trazendo de arrastão a necessidade de modificar o ensino superior e a ação docente nesse mesmo ensino.

(2)

Docência universitária com profissionalismo

A docência universitária, desde seu início até hoje, vem sendo marcada pela formação de profissionais até nas universidades onde se cultiva a pesquisa.

No primeiro capítulo foram acenadas algumas mudanças que ocorrem atualmente na sociedade e interferem na universidade. As interferências dessas mudanças no ensino superior no século XXI e as competências básicas para o exercício da docência universitária são os objetivos deste segundo capítulo.

Em quatro situações são perceptíveis as *mudanças no ensino superior*: no processo de ensino, no incentivo à pesquisa, na parceria e coparticipação entre professor e aluno no processo de aprendizagem, e no perfil docente.

NO PROCESSO DE ENSINO

Da preocupação total e exclusivamente voltada para a transmissão de informações e experiências iniciou-se o processo de:
- buscar o desenvolvimento da aprendizagem dos alunos;
- aperfeiçoar a capacidade de pensar;
- dar significado àquilo que era estudado;
- perceber a relação entre o que o professor tratava em aula e sua atividade profissional;
- desenvolver a capacidade de construir seu próprio conhecimento, desde coletar informações até produzir um texto que revele esse conhecimento.

Superando a formação voltada apenas para o aspecto cognitivo, o que se busca é que o aluno em seus cursos superiores desenvolva competências e habilidades que se esperam de um profissional capaz e de um cidadão responsável pelo desenvolvimento de sua comunidade. Isso fez que os cronogramas curriculares se abrissem para atividades práticas, integrando-se com teorias estudadas, e para discussão de valores éticos, sociais, políticos e econômicos, por ocasião do estudo de problemas técnicos, integrando-se à análise técnica e teórica de determinada situação com os valores humanos e ambientais presentes e decorrentes da solução técnica apresentada.

NO INCENTIVO À PESQUISA

Surge, na década de 1930, a Universidade de São Paulo (USP) com duas grandes bandeiras em busca da mudança do paradigma dos cursos superiores que existiam: a integração das diferentes áreas do saber e do conhecimento, e a produção de pesquisas por parte dos docentes e alunos. Não bastava apenas continuar formando profissionais técnicos e divulgando pesquisas realizadas fora do país. Professores e estudantes desses cursos deveriam interessar-se por fazer pesquisa, produzir conhecimento sobre problemas reais e concretos do Brasil. O contato com pesquisadores internacionais não deveria ser rompido, mas também não poderia se constituir como o único contato com a pesquisa.

Essa primeira universidade paulista surge com uma nova proposta: formar o pesquisador, o cidadão e o profissional.

Tal definição trouxe modificações claras quanto à *organização curricular*. O aluno ingressava não em um curso determinado, mas na universidade — era um aluno universitário no sentido pleno da palavra. Durante os dois primeiros anos ele aprenderia a pesquisar, trabalhar intelectualmente, produzir trabalhos científicos acompanhando professores-pesquisadores de diversas áreas que estudavam problemas nacionais. Isso lhe permitiria conhecer a realidade brasileira de modo crítico e científico. Depois desse período, o aluno, mais maduro quanto qual área seguir na universidade e já razoavelmente consciente dos problemas nacionais, escolhia uma carreira profissional para nela se formar.

Quanto ao *corpo docente*, deveria, além de ministrar aulas, pesquisar, produzir conhecimento, divulgar e discutir com seus pares os estudos feitos. Sua atividade docente básica era orientar os alunos na aprendizagem das atividades científicas de investigação, estudo, elaboração de trabalhos.

A *metodologia de estudo* deveria ser compreendida por um professor com pequeno número de alunos, com quem investiga junto, discutindo os resultados, produzindo trabalhos — um estudo cooperativo entre professores e alunos.

Com o desmonte dessa estrutura, em 1938, por forças extrínsecas e intrínsecas à própria universidade[1], a preocupação com a formação do aluno de ensino superior como cidadão deixou de fazer parte da estrutura curricular formal dos cursos. A preocupação manteve-se apenas por atividades isoladas de professores em aula, pela existência de movimentos estudantis muito ligados aos movimentos da sociedade civil da época. Questões de cidadania eram trazidas para dentro das universidades pelos centros acadêmicos, teatros universitários, grupos políticos partidários e por professores que entendiam ser essa sua missão. Palestras, debates, conferências, mesas-redondas e passeatas entrosavam universidade e sociedade. Essa discussão política continuava não de forma curricular, mas na modalidade de atividades paracurriculares na formação do profissional-cidadão.

Essa linha de ação persistiu durante a ditadura provinda do golpe de 1964. Recentemente, vem marcando o debate a respeito de questões como ecologia, Amazônia, questões éticas e ambientais, analfabetismo, movimento dos sem-terra, desemprego, tecnologia e globalização, socialismo, neoliberalismo, opções políticas, nova constituição, nova Lei de Diretrizes e Bases da Educação Nacional (LDB) e as diferentes reformas em andamento no país.

Quanto à pesquisa, porém, a USP não alterou seu modelo educacional e permanece se apresentando como um dos maiores centros de pesquisa da América Latina. O incentivo à pesquisa iniciado em 1934 perdura até os dias atuais.

Em 1968, com a Lei nº 5.540, e em décadas posteriores, o incentivo à criação e ao desenvolvimento de programas de pós-graduação

---

1. No cenário nacional, o Estado Novo de Getulio Vargas (1937); São Paulo marcado com a Revolução Constitucionalista (1932); a sociedade, representada pelas famílias e seus filhos, alunos da universidade que exigiam só formação técnica; parte dos docentes da própria universidade, sem interesse e tempo para pesquisar, desejava apenas ministrar suas aulas.

no país também foi um marco no desenvolvimento das atividades de pesquisa no ensino superior. Dessa data em diante, os programas de pós-graduação multiplicaram-se tanto nas universidades públicas como nas particulares. O número de pesquisas que se transformaram em dissertação e tese teve progressão geométrica e relevância social, além do aspecto científico, que se consolidou.

Para esses resultados muito contribuíram as agências financiadoras (Capes, CNPq, Fapesp, Finepe e as diversas organizações internacionais) com bolsas de pesquisa para estudantes e professores no país e no exterior. Atualmente, é significativo o número de mestres, doutores, pesquisadores e pós-doutores brasileiros.

A próxima pergunta, entretanto, é esta: será que o incentivo à pesquisa fez sentir seus efeitos nos cursos de graduação? Não de forma tão extensa, nem há tanto tempo como na pós-graduação, mas nos dias atuais os cursos de graduação vêm dedicando-se a valorizar a pesquisa mediante, principalmente, três caminhos: o desenvolvimento do ensino com pesquisa, do ensino por projetos e da introdução das tecnologias de informação e comunicação (informática e telemática) como formas de estudo e aprendizagem — e não apenas como meio de modernizar a transmissão de informações.

NA PARCERIA E COPARTICIPAÇÃO ENTRE PROFESSOR E ALUNO NO PROCESSO DE APRENDIZAGEM

Embora essa parceria seja apresentada de forma iniciante, pois na maioria das situações ainda são encontrados professores no papel de transmissor de informações, e mesmo atuando só com aulas expositivas, um número razoável de docentes tem se preocupado em chamar o aluno para se envolver com a matéria que está sendo estudada.

Essa atitude tem que ver com a compreensão mais abrangente do processo de aprendizagem e sua valorização no ensino superior, com a ênfase dada ao aprendiz como sujeito do processo, com o incentivo à pesquisa na graduação e com as mudanças na forma de comunicação. A docência existe para que o aluno aprenda.

Com efeito, é entendido que no ensino superior a ênfase deve ser dada às ações do aluno para que ele possa aprender o que se propõe; que a aprendizagem desejada engloba, além dos conhecimentos necessários, habilidades, competências, análise e desenvolvimento de valores. Não há como promover a aprendizagem sem a participação e parceria dos próprios aprendizes. Aliás, só eles poderão "aprender". Ninguém aprenderá por eles.

Incentivar essa participação resulta em motivação e interesse do aluno pela matéria, bem como dinamização nas relações entre aluno e professor facilitando a comunicação entre ambos. O aluno começa a ver no professor um aliado para sua formação, e não um obstáculo, e sente-se igualmente responsável por aprender. Ele passa a se considerar o sujeito do processo.

Trabalhar com pesquisa, projetos e novas tecnologias, como comentado, são caminhos interessantes que incentivam a pesquisa ao mesmo tempo que facilitam o desenvolvimento da parceria e a coparticipação entre professor e aluno.

NO PERFIL DO DOCENTE

O conjunto das mudanças citadas anteriormente fez que o perfil do professor se alterasse significativamente de especialista para mediador de aprendizagem.

Não se quer com isso dizer que se começa a exigir menos do professor quanto ao domínio da área em que ele leciona. Ao contrário, exige-se dele pesquisa e produção de conhecimento, além de atualização e especialização para que possa incentivar seus alunos a pesquisar. Como poderia o docente motivar o aluno a se iniciar na pesquisa se ele mesmo, professor, não pesquisar e não valorizá-la? O aprendiz exige profunda coerência entre o que o seu professor exige e o que faz.

A mudança está na transformação do cenário do ensino, em que o professor está em foco, para um cenário de aprendizagem, em que o aprendiz (professor e aluno) ocupa o centro e professor e aluno se tornam parceiros e coparticipantes do mesmo processo.

A atitude do professor está mudando: do especialista que ensina ao profissional da aprendizagem, que incentiva e motiva o aprendiz, se apresenta com a disposição de ser uma ponte entre o aprendiz e sua aprendizagem — não uma ponte estática, mas uma ponte "rolante", que ativamente colabora para que o aprendiz chegue a seus objetivos.

Tal atitude leva o professor a explorar, com os alunos, novos ambientes de aprendizagem — tanto profissionais como virtuais (pela internet) —, a dominar o uso das tecnologias de informação e comunicação, a valorizar o processo coletivo de aprendizagem (o aluno aprender não só com o professor e por intermédio dele, mas também com colegas, outros professores e especialistas, profissionais não acadêmicos).

O professor leva, ainda, a repensar e reorganizar o processo de avaliação voltado para a aprendizagem como elemento motivador, com *feedback* contínuo que oferece informações para que o aluno supere suas dificuldades e aprenda enquanto cursa a matéria.

Essas mudanças no ensino superior mostraram *as competências básicas e necessárias para realizar a docência.*

No Brasil, algumas décadas atrás, uma autocrítica, principalmente de professores, por parte de diversos membros participantes do ensino superior foi iniciada a respeito da atividade docente, percebendo nela um valor e um significado até então não considerados.

Começou-se a perceber que assim como para a pesquisa era exigido o desenvolvimento de competências próprias — e a pós-graduação buscou resolver esse problema — a docência no ensino superior também as exigia, mas apenas as que trariam àquela atividade uma conotação de profissionalismo e superaria a situação até então encontradiça de ensinar "por boa vontade", buscando certa consideração pelo título de "professor de universidade", para "complementação salarial" ou somente para "fazer alguma coisa no tempo que restasse do exercício da outra profissão".

Passou-se, então, a discutir e procurar identificar quais seriam essas competências específicas para uma docência no ensino superior.

O primeiro ponto a definir se referia exatamente à concepção de competência. Optou-se pela descrição de Perrenoud, segundo a qual "atualmente define-se uma competência como a aptidão para enfrentar um conjunto de situações análogas, mobilizando de uma forma correta, rápida, pertinente e criativa, múltiplos recursos cognitivos: saberes, capacidades, microcompetências, informações, valores, atitudes, esquemas de percepção, de avaliação e de raciocínio" (Perrenoud *et al.*, 2002, p. 19). É uma definição que insiste em deixar claro que competência sempre tem que ver com uma série de aspectos que se apresentam e se desenvolvem conjuntamente: saberes, conhecimentos, valores, atitudes, habilidades.

Assim, entende-se que as competências básicas para o ensino superior são:

A DOCÊNCIA EM NÍVEL DE ENSINO SUPERIOR DO PROFESSOR EXIGE, ANTES DE MAIS NADA, QUE ELE SEJA COMPETENTE EM DETERMINADA ÁREA DE CONHECIMENTO.

Essa competência significa, em primeiro lugar, um domínio dos *conhecimentos básicos* em determinada área, bem como experiência profissional de campo, domínio este que se adquire, em geral, em cursos de bacharelado que se realizam nas universidades e/ou faculdades e com alguns anos de exercício profissional.

No entanto, esse domínio cognitivo é muito pouco. Exige-se de quem pretende lecionar que seus *conhecimentos e suas práticas profissionais sejam atualizados* constantemente por intermédio de participações em cursos de aperfeiçoamento, especializações, participação de congressos, simpósios e intercâmbios com especialistas, em acompanhamento de revistas e periódicos de sua especialidade etc.

Exige-se de um professor, ainda, domínio de uma área de conhecimento específico mediante *pesquisa*. É importante se dar conta de que o termo "pesquisa" abrange diversos níveis.

Trata-se de pesquisa aquela atividade que o professor realiza mediante estudos e reflexões críticas a respeito de temas teóricos ou experiências pessoais que reorganizam seus conhecimentos, reconstruindo-os, dando-lhes novo significado, produzindo textos e *papers* que representem sua contribuição ao assunto e possam ser lidos e discutidos por seus alunos e seus pares.

Entende-se por pesquisa os trabalhos específicos preparados pelos professores para serem apresentados em congressos e simpósios, explorando aspectos teóricos, relatando criticamente suas experiências pessoais na área profissional ou de ensino, ou ainda discutindo novos aspectos de algum assunto mais atual. Considera-se pesquisa a redação de capítulos de livros, artigos para revistas especializadas etc.

Docentes em fase de mestrado ou doutorado também realizam pesquisas que certamente serão incorporadas à sua docência.

Sem dúvida, ainda existe o nível de pesquisa que envolve projetos menores ou maiores, por vezes gigantescos, que estão voltados para a produção de conhecimentos científicos novos, inéditos, ou produção de tecnologias de ponta que envolvem recursos e apoios de agências financiadoras nacionais e/ou estrangeiras. Essa produção científica também enriquecerá o domínio de conhecimento que se espera de um docente de ensino superior.

Em todos esses tipos de pesquisa está presente a marca da produção intelectual e científica, pessoal e própria do professor como intelectual, que o coloca para além de uma posição de apenas repetidor dos grandes clássicos. Ele tem sua mensagem a dar aos alunos, seu pensamento a respeito do que discute com os aprendizes, sua contribuição própria à ciência e à área de conhecimento.

Na área de competência já foi vislumbrado o nível de conhecimento que se pretende de um docente que almeje de fato participar do processo de ensino-aprendizagem com profissionalismo.

> **A DOCÊNCIA EM NÍVEL SUPERIOR EXIGE UM PROFESSOR COM DOMÍNIO NA ÁREA PEDAGÓGICA.**

Em geral, esse é o ponto mais carente de nossos professores universitários quando se fala em profissionalismo na docência. Seja porque nunca tiveram oportunidade de entrar em contato com essa área, seja porque a veem como algo supérfluo ou desnecessário para sua atividade.

No entanto, dificilmente se pode falar de profissionais do processo de ensino-aprendizagem que não dominem, no mínimo, alguns grandes eixos desse processo: o próprio conceito de processo de ensino-aprendizagem, a concepção e gestão de currículo, a integração das disciplinas como componentes curriculares, a compreensão da relação professor-aluno e aluno-aluno, a teoria e prática da tecnologia educacional, a concepção do processo avaliativo e suas técnicas para *feedback*, o planejamento como atividade educacional e política.

1. Conceito de processo de ensino-aprendizagem

Como já explicitado, o objetivo máximo da docência é a aprendizagem dos alunos. Questiona-se: qual a importância de o professor ter clareza sobre o que significa aprender? Quais são seus princípios básicos? O que se deve aprender atualmente? Como aprender de modo significativo, de forma que a aprendizagem se faça com maior eficiência e maior fixação? Além disso, pergunta-se: que teorias atuais discutem a aprendizagem e com que pressupostos? Como se aprende no ensino superior? Quais os princípios básicos de uma aprendizagem de pessoas adultas e válidos para alunos do ensino superior? Como integrar no processo de aprendizagem o desenvolvimento cognitivo, afetivo-emocional, de habilidades e a formação de atitudes. Como aprender a aprender permanentemente?

São pontos e assuntos que, bem estudados, poderiam colaborar para que os docentes compreendessem, aprofundassem seus conhecimentos sobre o processo de aprendizagem que se pretende desenvolver no ensino superior e aperfeiçoassem sua formação pedagógica.

2. Concepção e gestão de currículo

Que diferença faz na prática docente de um professor do ensino superior se ele conhece ou não o currículo do curso em que leciona?

Na prática, nenhuma. Ele não foi contratado para colaborar com a formação de um profissional, mas apenas para lecionar uma disciplina. Ele deve responder às chefias pelas aulas naquela disciplina e apenas isso.

Embora seja uma situação real para os docentes do ensino superior, ela não deixa de ser decorrente da falta de preparação pedagógica que permite a eles entender que estão sendo contratados para colaborar com seus pares para a formação de determinado profissional e que a organização das atividades para essa formação esperada está expressa no currículo do curso. Por isso mesmo, seu conhecimento é essencial para orientar todas as atividades, inclusive todas as disciplinas e seus conteúdos.

Inteirar-se do currículo do curso em que leciona, ter clareza de suas diretrizes curriculares e as competências básicas de formação do profissional esperadas pela instituição onde trabalha são conhecimentos pedagógicos essenciais para uma prática pedagógica competente.

É fundamental que o docente perceba que o currículo de formação de um profissional abrange o desenvolvimento da área cognitiva quanto à aquisição, elaboração e organização de informações; ao acesso ao conhecimento existente; à produção de conhecimento; à reconstrução do próprio conhecimento; à identificação de diferentes pontos de vista sobre o mesmo assunto, à imaginação, criatividade e solução de problemas.

O currículo abrange, também, aprendizagem de habilidades, tais como aprender a trabalhar em equipe, e em equipe multidisciplinar; comunicar-se com os colegas e com pessoas de fora de seu ambiente universitário; fazer relatórios, pesquisar em bibliotecas, hemerotecas, videotecas; usar o computador para as atividades acadêmicas e profissionais etc.

O currículo estará preocupado ainda com: a valorização do conhecimento e sua atualização; a pesquisa, a crítica, a cooperação; os aspectos éticos do exercício da profissão; os valores sociais, culturais, políticos e econômicos; a participação na sociedade e o compromisso com sua evolução.

Esse currículo se constitui fundamentalmente pelas disciplinas e atividades previstas e cursadas pelos alunos com os professores, donde a necessidade de este perceber cada vez mais a ligação que pode haver entre sua disciplina e as demais do mesmo curso. Como poderão interagir? A interdisciplinaridade é uma utopia? E as possibilidades de organizar um currículo que abra espaços para coisas novas, emergentes e atuais?

3. Integração das disciplinas como componentes curriculares

Este é outro ponto delicado e importante na formação pedagógica do docente. Em geral, o professor tem a vivência da disciplina como reunião de especialistas em determinada área que estudam e aprofundam as informações pertinentes e juntos decidem o que se deve ensinar aos alunos nos mais diferentes cursos da universidade.

É a experiência de viver a disciplina como agrupamento de especialistas em uma área de conhecimento. Falta a esse professor compreender o papel curricular da disciplina pelo qual o seu conteúdo é planejado, adaptado e recortado de acordo com o curso que está se desenvolvendo e com a formação esperada para aquele profissional. Isso quer dizer que disciplinas com o mesmo nome podem ter programas diferentes dependendo dos cursos e de suas necessidades. As programações das disciplinas precisam ser definidas pelas coordenações de um curso.

Essas são algumas informações que analisadas e compreendidas pelo docente, permitirão pedagogicamente planejar sua disciplina de modo que possa contribuir mais eficientemente para a formação do profissional.

4. Compreensão da relação professor–aluno e aluno–aluno

Como assumir uma atividade de docência sem se aprofundar no conhecimento de seus alunos e na prática de uma relação que colabore com eles em sua aprendizagem? O papel um pouco tradicional do professor que transmite informações e conhecimentos a seus alunos necessita de uma revisão.

É preciso um professor com papel de orientador das atividades que permitirão ao aluno aprender. O docente deve ser um elemento motivador e incentivador do desenvolvimento de seus alunos, atento para mostrar os progressos deles, bem como corrigi-los quando necessário, mas durante o curso, para que seus aprendizes aprendam no decorrer dos próximos encontros ou aulas que tiverem.

Faz-se necessário um professor que forme com seus alunos um grupo de trabalho com objetivos comuns, incentive a aprendizagem mútua e estimule o trabalho em equipe, a busca de solução para problemas em parcerias, acredite na capacidade de seus alunos aprenderem com os colegas — o que muitas vezes é mais fácil que aprender com o próprio professor. Um docente que motive o aluno a realizar as pesquisas e os relatórios, que crie condições contínuas de *feedback* entre aluno–professor e aluno–aluno.

O professor deve desenvolver uma atitude de parceria e corresponsabilidade com os alunos planejando o curso juntos, usando técnicas em sala de aula que facilitem a participação e considerando os seus alunos adultos que podem se corresponsabilizar por sua formação profissional.

É fundamental que os professores entendam, discutam e busquem uma forma de realizar na prática esse tipo de relação.

5. Teoria e prática da tecnologia educacional

De modo geral, em salas de aula no ensino superior, exceto em situações de estágios ou formação em ambientes profissionais, os recursos tecnológicos não foram bem-vindos. Acredita-se ainda hoje que mais importante que as tecnologias é o domínio dos conteúdos que deverão ser transmitidos aos alunos. As tecnologias pouco ou nada colaboram para o sucesso da aprendizagem.

Atualmente, encontra-se uma situação que defende a necessidade de ser eficientes e eficazes no processo de aprendizagem: todos querem que seus objetivos sejam atingidos da forma mais completa e adequada possível. Para isso, não se pode abrir mão da ajuda de uma tecnologia pertinente.

O que torna o processo de ensino–aprendizagem mais eficiente e eficaz? Pode ser o uso de diferentes dinâmicas de grupo, estratégias participativas, técnicas que colocam o aluno em contato com a realidade ou a simulam. Ainda, a aplicação de técnicas de planejamento em parceria e daquelas que "quebram o gelo" no relacionamento grupal, criam um clima favorável de aprendizagem, utilizam o ensino com pesquisa ou exploram e valorizam leituras significativas e o desempenho de papéis.

Atualmente, às mais de cem técnicas de aula existentes e aplicadas juntam-se às novas tecnologias de informação e comunicação relacionadas com a informática e a telemática, seja como apoio ao processo de ensino–aprendizagem presencial, seja em um processo de educação a distância, na pesquisa.

Pode-se acrescer ainda as técnicas mais apropriadas para aprendizagem em ambientes profissionais. Trata-se de uma visão nova e importante a ser dominada pelo professor para que sua ação docente possa ser mais eficiente e eficaz. Adquirir essa visão faz parte da competência pedagógica.

6. Concepção do processo avaliativo e suas técnicas para *feedback*

O professor acostumado a tratar a avaliação como um recurso para classificar, aprovar ou reprovar os alunos terá necessidade de rever suas concepções.

Com efeito, o processo avaliativo está voltado para incentivar e motivar a aprendizagem pelas informações contínuas que permitem ao aluno perceber o que aprendeu e ainda pode aprender mais e melhor, ou o que não aprendeu e ainda está em tempo de aprender ou o que deverá corrigir caso tenha errado.

A importância deverá ser dada à aprendizagem do aluno, e não às provas como geradoras de notas para aprovar ou reprovar. As notas ou conceitos serão consequência de ter aprendido.

Assumir a mudança de visão sobre o processo de avaliação e construir a mudança de cultura, bem como aprender como se fazer na prática docente, exigirá do professor uma formação pedagógica que não é comum ao docente do ensino superior, mas lhe compete adquirir para trabalhar com profissionalismo.

7. Planejamento como atividade educacional e política

O planejamento de aprendizagem como atividade educacional e política é o último aspecto pedagógico para o qual se quer chamar a atenção quando se trata da competência pedagógica do docente do ensino superior.

Também há de se superar a postura, presente em grande parte dos docentes, de encarar a atividade de planejar seus cursos como uma tarefa meramente burocrática.

É preciso resgatar o sentido do planejamento como uma reflexão sobre a formação profissional que se pretende que os alunos desenvolvam em direção a uma atividade social competente e cidadã, dentro das necessidades e carências contemporâneas da sociedade.

Perceber o planejamento como um grande instrumento para facilitar a ação educativa faz parte de uma formação pedagógica, uma vez que por meio dele se torna possível definir e organizar objetivos a serem atingidos, tempo, atividades, temas, recursos tecnológicos e processo de avaliação para que o processo de aprendizagem se concretize.

> **A DIMENSÃO POLÍTICA É IMPRESCINDÍVEL NO EXERCÍCIO DA DOCÊNCIA UNIVERSITÁRIA.**

O professor, ao entrar na sala de aula para ensinar uma disciplina, não deixa de ser um cidadão, alguém que pertence à sociedade de uma nação, que se encontra em um processo histórico e dialético, participando da construção da vida e da história de seu povo.

Ele tem uma visão de homem, de mundo, de sociedade, de cultura, de educação que dirige suas opções e suas ações mais ou menos conscientemente. Ele é um cidadão, um "político", alguém compromissado com seu tempo, sua civilização e sua comunidade, e isso não se desprega de sua pele no instante em que entra em sala de aula. Pode até querer omitir tal aspecto em nome da ciência que ele deve transmitir. Talvez, ingenuamente, entenda que possa fazê--lo de forma neutra. Mas o professor continua cidadão e político, e como profissional da docência não poderá deixar de sê-lo.

Como cidadão, o professor está aberto para o que se passa na sociedade, fora da universidade ou faculdade, suas transformações, evoluções, mudanças. Ele está atento para as novas formas de participação, conquistas, valores emergentes, descobertas, proposições que visam, inclusive, abrir espaço para discussão e debate com seus alunos sobre tais aspectos na medida em que afetem a formação e o exercício profissionais.

A reflexão crítica e sua adaptação ao novo, de forma criteriosa, são fundamentais para o professor compreender como se pratica e vive a cidadania nos tempos atuais, buscando meios de inserir esses aspectos em suas aulas, tratando dos diversos temas, selecionando textos de leitura, escolhendo estratégias que, ao mesmo tempo, permitam ao aluno adquirir informações, reconstruir seu conhecimento, debater aspectos cidadãos que envolvam o assunto e manifestar suas opiniões a respeito disso. Conciliar o técnico com o ético na vida profissional é fundamental tanto para o professor quanto para o aluno.

Mesmo com as disciplinas chamadas teóricas, conhecer a história da ciência, saber como se formou o pensamento científico, o tempo cultural e social em que ele se consolidou, suas utilizações durante a história dos homens, suas possíveis aplicações atuais são modos de educar politicamente os cidadãos.

E quando se trata de formar profissionais na universidade, como abordar esse assunto politicamente?

Hoje, nenhum professor espera que seus alunos iniciantes de um curso universitário, cuja atividade profissional plena se dará daqui a 5 ou 10 anos, venham a exercer suas profissões da mesma forma que os mais competentes o fazem atualmente. Como serão essas atividades profissionais? Não que os professores tenham uma bola de cristal para responder, mas se apela para a necessidade de estar atento para o que se passa hoje no campo das profissões, para suas transformações e a velocidade com que elas acontecem, para os novos perfis profissionais que estão se desenhando, para as exigências de uma era com novos recursos tecnológicos e propostas de globalização que trazem consigo o grande problema do desemprego das massas não qualificadas.

Como enfrentar, nas aulas, discussões que abordam temas como o desemprego, a não qualificação de mão de obra, a empregabilidade, a formação dos novos profissionais nas e pelas empresas? Não se defende que a universidade deve se submeter às exigências do mercado de trabalho, uma vez que ela, como instituição educadora, tem seus próprios objetivos e autonomia para encaminhá-los. Entretanto, não poderá se fechar dentro de si e dessa posição definir o que será melhor para a formação de um profissional preparado para lidar com os desafios de hoje e dos próximos anos. Terá de abrir bem os olhos, ver muito claramente o que está se passando na sociedade contemporânea, analisar seus objetivos educacionais e só então encaminhar propostas que façam sentido para os tempos atuais. Os alunos precisam discutir com seus professores os aspectos políticos de sua profissão e de seu exercício na sociedade, para nela saber se posicionar como cidadãos e profissionais.

Em um momento em que vários autores escrevem sobre competências para a docência, cada um deles apresentando uma lista diferente, e certamente complementar dessas mesmas competências, é evidente que aquelas sobre as quais se acabou de refletir, sem dúvida alguma, poderão se revelar como fundamentais para que o professor possa exercer com profissionalismo sua atividade docente.

(3)

Docente de ensino superior atuando em um processo de ensino ou de aprendizagem?

Considerando a prática comum dos professores do ensino superior como ponto de partida para esta reflexão, é evidente que o que prevalece na atuação docente é um processo de ensino no qual o professor "ensina" aos alunos que "não sabem", enquanto estes reproduzem as informações recebidas nas provas ou nos exames buscando sua aprovação.

Prontamente alguém diria que no processo de ensino o professor também quer que o aluno aprenda e, por conseguinte, o processo de ensino envolve o processo de aprendizagem. Eles não são dois processos separados; antes, integram-se, são complementares. Então, por que a insinuação da distinção entre eles?

Justamente pelo fato de poderem ser complementares e se integrarem é que não são idênticos. É preciso compreender bem cada um deles para melhor entender como se podem fazer a correlação, a complementaridade e a integração de dois processos, transformando-os em um só.

Ao se pensar em *ensinar*, as ideias associativas levam a instruir, comunicar conhecimentos ou habilidades, fazer saber, mostrar, guiar, orientar, dirigir. São ações próprias de um professor, que aparece como agente principal e responsável pelo ensino. As atividades centralizam-se nele, na sua pessoa, nas suas qualidades e habilidades. Ele é o centro do processo. Neste, o professor costuma se perguntar: o que acho importante ensinar? Como vou ensinar? Como aprecio ou prefiro ensinar? Como me é mais fácil ensinar?

Quando, porém, se fala em *aprender*, entende-se buscar informações, rever a própria experiência, adquirir habilidades, adaptar-se às mudanças, descobrir significado nos seres, nos fatos, nos fenômenos e nos acontecimentos, modificar atitudes e comportamentos. Todas as atividades que apontam para o aprendiz como agente principal e responsável pela sua aprendizagem. Elas estão centradas no aprendiz (aluno), em suas capacidades, possibilidades, necessidades, oportunidades e condições para que aprenda.

No processo de aprendizagem, as perguntas que o professor se faz também são outras: o que o aluno precisa aprender para se formar como um profissional-cidadão? Como o aluno aprenderá melhor? Que técnicas favorecerão a aprendizagem do aluno? Como será feita a avaliação de forma que o incentive a aprender?

Os processos de ensino e aprendizagem são distintos. A ênfase em um ou outro fará que os resultados da integração ou correlação dos dois processos sejam completamente diferentes.

No entender do autor, de modo geral, até hoje a docência universitária colocou sua ênfase no *processo de ensino*. Por isso, a *organização curricular* continua fechada e estanque, as disciplinas são maximamente conteudísticas e só são oferecidas as concernentes aos assuntos técnicos e profissionalizantes dos cursos, com pouca abertura para outras áreas de conhecimento, quase nenhuma para a interdisciplinaridade ou para temas transversais, pouco incentivo à investigação científica na graduação.

A *metodologia* em sua quase totalidade está centrada em transmissão ou comunicação oral de temas ou assuntos acabados por parte dos professores (aulas expositivas), ou leitura de livros e artigos e sua repetição em classe — predomínio de um programa a ser cumprido. A avaliação é usada como averiguação do que foi assimilado do curso, mediante provas tradicionais e notas classificatórias e aprobatórias ou não.

O *corpo docente* ainda é recrutado entre profissionais, dos quais se exige um mestrado ou doutorado, que os torne mais competentes na comunicação do conhecimento. Deles, no entanto, ainda não se pedem competências profissionais de um educador no que diz respeito à área pedagógica e à perspectiva político-social. A função continua sendo a do professor que vem para "ensinar aos que não sabem".

Bem diferentes serão as consequências da docência universitária quando sua ênfase se der no *processo de aprendizagem*. Por isso, vale a pena aprofundar um pouco o conhecimento do aprendizado no ensino superior e suas consequências.

1. Ao se falar de processo de aprendizagem, refere-se a um *processo de crescimento e desenvolvimento de uma pessoa em sua totalidade, abarcando minimamente quatro grandes áreas: a do conhecimento, a do afetivo-emocional, a de habilidades e a de atitudes ou valores.*

A área cognitiva compreende o aspecto mental e intelectual do homem: sua capacidade de pensar, refletir, analisar, comparar, criticar, justificar, argumentar, inferir conclusões, generalizar, buscar e processar informações, produzir conhecimentos, descobrir, pesquisar, criar, inventar, imaginar. Ela não poderá se esgotar em assimilar algumas informações ou conhecimentos obtidos e repeti-los.

São características do *desenvolvimento na área do conhecimento*: a aquisição, elaboração e organização de informações; acesso ao conhecimento existente; relação entre o conhecimento que se possui e o que se adquire; reconstrução do próprio conhecimento com significado para si; inferência e generalização de conclusões; transferência de conhecimentos para novas situações, compreensão dos argumentos apresentados para defesa ou questionamento de teorias existentes; identificação de diferentes pontos de vista sobre o mesmo assunto; emissão de opiniões próprias com justificativas; desenvolvimento da imaginação e da criatividade, do pensar e do resolver problemas... Desenvolver um saber integrando os conhecimentos de uma área específica com os de outras áreas, de forma interdisciplinar, voltada para os compromissos sociais e comunitários.

Desenvolvimento na área afetivo-emocional supõe crescente conhecimento de si mesmo, dos diferentes recursos de que se dispõe, dos limites existentes, das potencialidades a serem otimizadas. Supõe desenvolvimento da autoestima e da autoconfiança, do trabalho em equipe e do relacionamento cooperativo e solidário e da corresponsabilidade pelo processo de aprendizagem. Para as faculdades e universidades, admitir essa dimensão de aprendizagem significa abrir espaços para que sejam expressos e trabalhados aspectos como atenção, respeito, cooperação, competitividade, solidariedade, segurança pessoal, superando as inseguranças próprias de cada idade e de cada estágio, as novas vivências profissionais, políticas, afetivas, o afastamento das famílias, a criação de um novo círculo de amizades, a valorização da singularidade e das mudanças que venham a ocorrer, um relacionamento cada vez mais adequado com o ambiente externo.

Desenvolvimento na área de habilidades humanas e profissionais abrange tudo que se faz com os conhecimentos adquiridos. Alguns exemplos já estão contemplados no desenvolvimento da área cognitiva (relacionar conhecimentos e informações, organizar, generalizar, argumentar, deduzir, induzir etc.). Entretanto, há outros:

- aprender a se expressar e comunicar com os colegas, professores, profissionais da área, clientes futuros;
- trabalhar em equipe;
- comunicar-se com os colegas, com pessoas fora de seu ambiente universitário e presentes em seu ambiente profissional;
- fazer relatórios;
- realizar pesquisas;
- usar o computador;
- elaborar trabalhos individuais dos mais diferentes tipos;
- aprender com situações simuladas e com atividades em locais próprios de trabalho e em situações comunitárias;
- participar de grupos interdisciplinares ou de profissionais de áreas diferentes;
- redigir e apresentar trabalhos científicos.

E o que dizer das habilidades próprias de cada profissão? Estas deveriam ser procuradas nos debates e estudos realizados atualmente em todas as categorias profissionais que estão se esforçando por redefini-las.

Desenvolvimento de atitudes e valores. Eis o aspecto mais delicado da aprendizagem de um profissional: seu coração. Em geral, é o menos trabalhado pela universidade. Enquanto isso não ocorrer, modificações significativas de aprendizagem também não acontecerão. Veja dois exemplos a seguir.

No primeiro, trabalhou-se com um grupo de professores da faculdade de engenharia e discutiu-se o seguinte: diante de determinada situação que exige intervenção técnica de engenharia, é suficiente que os futuros profissionais conheçam as diferentes opções, identifiquem a melhor dentre elas do ponto de vista técnico, aprendam a realizá-la e a executem, sem levar em conta outros aspectos como o efeito sobre a população local, a flora ou a fauna da região? Se a resposta for "sim", esses futuros profissionais talvez sejam apenas técnicos de engenharia, mas não profissionais-cidadãos. Falta-lhes a aprendizagem de valores políticos e sociais.

O segundo exemplo vem dos cursos de medicina da Universidade de McMaster, no Canadá, e de Harvard, que se reestruturaram completamente em termos curriculares, colocando como um dos pilares da formação dos médicos a dimensão ética, não como uma disciplina a mais, mas como uma dimensão que está presente em todas as atividades estudantis e profissionais daquele que atua na área da saúde.

Por aprendizagem de atitudes e valores entende-se a necessidade de os cursos superiores se preocuparem com que seus educandos valorizem o conhecimento, a atualização contínua deste, pesquisas, estudos dos mais diversos aspectos que cercam um problema, a cooperação, solidariedade, criticidade, criatividade e o trabalho em equipe.

Valores como democracia, participação na sociedade, compromisso com sua evolução, situar-se no tempo e espaço de sua civilização, ética em suas mais abrangentes concepções (referentes tanto a valores pessoais quanto a valores profissionais, grupais e políticos) precisam ser aprendidos nos cursos de ensino superior.

A área de atitudes e valores compreende o desenvolvimento de valores pessoais, tais como: responsabilidade pelo seu processo de aprendizagem, ética, respeito ao outro a e suas opiniões, honestidade intelectual, criticidade, curiosidade, criatividade, autonomia —, o desenvolvimento de valores cidadãos e políticos — como não se limitar a soluções técnicas dos problemas de sua área, ter abertura para perceber e analisar as consequências de soluções técnicas à luz das ciências ambientais, da antropologia, da sociologia, sentir-se comprometido com o crescimento e a melhoria da qualidade de vida da população a que se serve — e o desenvolvimento de valores éticos, históricos, sociais e culturais.

É importante a valorização do desenvolvimento das relações sociais. Entende-se como fundamental criar uma interação entre o mundo individual do aprendiz e a realidade social; situar-se historicamente no contexto e no espaço do movimento de sua sociedade; estar aberto para captar fatos e acontecimentos que agitam seu mundo, o trabalho, a família, o emprego, as políticas, a cidade, o país; analisar criticamente os encaminhamentos e as soluções apresentados pelos dirigentes; e, no seu contexto de profissional e cidadão, participar da sociedade, comprometendo-se com seu desenvolvimento.

> É preciso transformar a vida da aula e da escola, de modo que possam vivenciar-se práticas sociais e intercâmbios acadêmicos que induzam à solidariedade, à colaboração, à experimentação compartilhada, assim como a outro tipo de relações com o conhecimento e a cultura que estimulem a busca, o contraste, a crítica, a iniciativa e a criação. (Sacristán e Gómez, 1996, p. 32)

> Os alunos e alunas aprendem e assimilam teorias, disposições e comportamentos não só como consequência da transmissão e

intercâmbio de ideias e conhecimentos explícitos no currículo oficial, como também e principalmente como consequência das interações sociais de todo o tipo que acontecem na vida e na aula. Mais ainda, o conteúdo oficial do currículo, imposto de fora para a aprendizagem do alunado [...] Não marca nem estimula, em geral os interesses e preocupações vitais do aluno. Converte-se assim em um aprendizado acadêmico para passar nos exames e esquecer em seguida; enquanto a aprendizagem de estratégias, normas, valores de interação social [...] vão constituindo paulatinamente as representações e normas de conduta. (*Ibidem*, p. 22)

Edith Litwin (1997, p. 123 ss.), ao escrever a respeito da tecnologia educacional, a certa altura de seu livro, se pergunta: "para que se ensina na escola?" E sua resposta é direta:

para o desenvolvimento de valores, em uma sociedade em crise: solidariedade entre os homens, justiça e equidade social e promoção do pensamento reflexivo. Trata-se de reconstruir o conhecimento experiência e não apenas transmiti-lo; favorecer as reinterpretações das visões do mundo geradas pelos meios tecnológicos. As mensagens que os meios emitem são parte da vida cotidiana. É importante integrá-las na aula como elementos constitutivos da vida diária e do conhecimento experimental.

2. A ênfase no processo de aprendizagem, como descrito até aqui, traz consequências sérias e de grande repercussão:
- *na organização curricular*
  – valorizando um currículo flexível, continuamente atualizado, aberto às diferentes áreas do conhecimento;
  – apontando profundidade nos temas essenciais;
  – desenvolvendo a interdisciplinaridade;

– estudando temas transversais, questões éticas e dialéticas que envolvem o conhecimento;
– criando um currículo mais voltado para o aprender a aprender do que para a pretensão de transmitir a totalidade dos conhecimentos atuais;
• *na contratação do corpo docente*, selecionando professores com competência pedagógica ou investindo na formação pedagógica destes, fazendo que aliem à sua capacidade científica em determinada área um profundo conhecimento sobre o processo de aprendizagem, sobre a relação professor–aluno, a organização curricular e a tecnologia a ser usada em aula;
• *na metodologia de aula*, sendo participativa por parte do professor e dos alunos e facilitando a consecução dos objetivos propostos.

Após essas reflexões, é importante afirmar que se entende e aceita a complementaridade dos processos de ensino e aprendizagem desde que a ênfase se coloque na aprendizagem dos alunos e esta seja a preocupação básica do professor do ensino superior. A docência existe para que a aprendizagem dos alunos possa acontecer.

3. Duas outras características da aprendizagem não poderiam deixar de ser consideradas: a aprendizagem significativa e aprendizagem continuada (*lifelong learning*).

O conceito de *aprendizagem significativa* foi muito estudado por dois psicólogos, Carl Rogers e David Ausubel. Este último assim se expressa com relação à referida aprendizagem:

> A aprendizagem significativa, seja por recepção, seja por descoberta, se opõe a aprendizado mecânico, repetitivo e memorístico. Compreende a aquisição de novos significados [...] A essência da aprendizagem significativa está em que as ideias expressas

simbolicamente se relacionam de maneira não arbitrária, mas substancial com o que o aluno já sabe. O material que aprende é potencialmente significativo para ele. (Ausubel *apud* Sacristán e Gómez, 1996, p. 46)

Vale ressaltar o comentário de Sacristán sobre esse conceito de aprendizagem significativa de Ausubel:

Os novos significados para Ausubel não são as ideias ou conteúdos objetivos apresentados, mas o produto de um intercâmbio e de uma fusão entre a nova ideia ou conceito potencialmente significativo com as ideias pertinentes já possuídas pelo aluno. Cada indivíduo capta a significação do material novo em função das peculiaridades historicamente construídas em sua estrutura cognitiva. (Sacristán e Gómez, 1996, p. 47)

Entende-se que aprendizagem significativa é aquela que envolve o aluno como pessoa, como um todo (ideias, sentimentos, cultura, valores, sociedade, profissão). Ela se dá quando:
- o que se propõe para aprender está relacionado com o universo de conhecimento, experiências e vivências do aprendiz, como já visto anteriormente;
- permite a formulação de perguntas e questões que de algum modo o interessem e o envolvam ou lhe digam respeito;
- permite ao aprendiz entrar em confronto experimental com problemas práticos de natureza social, ética, profissional que lhe são relevantes;
- permite e ajuda a transferir o aprendizado na universidade para outras circunstâncias da vida;
- suscita modificações no comportamento e até mesmo na responsabilidade do aprendiz.

Trabalhando com a aprendizagem significativa, tem-se ainda de tomar um cuidado especial: como evitar que a aprendizagem na aula se constitua em uma cultura particular, uma cultura apenas "acadêmica" para resolver com êxito os problemas da vida escolar sem repercussões na vida cotidiana? Como evitar que se crie uma justaposição de duas estruturas para o aprendiz: uma que lhe sirva para a escola e outra que o ajude na vida?

> Como fazer com que os conceitos que se elaboram nas diversas disciplinas e que servem para uma análise mais rigorosa da realidade se incorporem ao pensamento do aprendiz como poderosos instrumentos e ferramentas de conhecimento e resolução de problemas e não como meros adornos teóricos que se utilizam para serem aprovados nos exames e esquecer depois? (Sacristán e Gómez, 1996, p. 68-69)

A experiência escolar deve demonstrar a superação dessas duas situações superpostas, encaminhando-se para uma aprendizagem que esteja voltada para a realidade dos alunos e, ao mesmo tempo, o ajude a encaminhar experiências pessoais e profissionais, a ter uma vida de realização pessoal e de colaboração para o desenvolvimento da comunidade na qual se encontra inserto.

Aprendizagem continuada (*lifelong learning*) é um fenômeno que se expandiu fortemente nos últimos anos. Não que antes não existisse, mas tratava-se de uma atitude mais localizada em determinados grupos de pessoas ou em grupos profissionais.

Com o surgimento da sociedade do conhecimento, estudada no primeiro capítulo, a multiplicação das possibilidades de acesso ao conhecimento, de desenvolvimento de expectativas, habilidades e relacionamentos e de poder fazer novas descobertas procurando realizações pessoais e profissionais até ali impensadas, a formação continuada sofreu uma grande demanda e trouxe uma explosão de iniciativas e propostas para atendê-la.

Deve-se atentar para os vários campos da vida humana em que surge essa procura por uma educação continuada: no trabalho, buscando desenvolvimento nas diversas competências exigidas atualmente pelas carreiras profissionais, para o exercício de liderança, da criticidade, da criatividade e novos serviços; nas várias fases da vida escolar, durante a formação universitária e após a graduação com cursos de especialização, mestrado, doutorado e toda sorte de atualizações; na vida pessoal, familiar e social.

Pode-se perguntar: mas o que o ensino superior tem que ver com essa nova demanda? Deve-se lembrar que atualmente é função do ensino superior estudar essa nova demanda de aprendizagem ou educação continuada, tanto pelo fato de vários projetos estarem localizados na universidade, como pela necessidade de pesquisar propostas que possam atender a essas expectativas, procurando garantir sempre uma situação de aprendizagem e educação dentro do conceito acima defendido.

Além disso, educação continuada não deve ser iniciada só depois que os alunos deixam a faculdade, é preciso buscá-la desde os cursos de graduação, em que os formandos desenvolvam atitudes e ações que os ajudem a descobrir a importância de uma aprendizagem contínua, bem como aprendam a se manter em uma contínua busca de desenvolvimento e educação.

Qual será, então, o papel do professor que participa do processo de aprendizagem no ensino superior? Essa questão será tratada no Capítulo 4.

(4)

Interação entre os participantes do processo de aprendizagem

O processo de aprendizagem, como o considerado no capítulo anterior, exige que a reflexão do leitor prossiga no sentido de investigar os participantes desse processo. Quem são eles e como se espera que interajam em um curso superior?

Essa pergunta parece apresentar uma resposta um tanto óbvia: são integrantes de um processo de aprendizagem no ensino superior os professores, os alunos, o monitor e a direção. Espera-se que interajam entre si para incentivar o processo de aprendizagem. Talvez uma discussão mais ampla sobre essa questão avive alguns aspectos esquecidos.

INTERAÇÕES DO PROFESSOR

É importante para o bom desenvolvimento do processo de aprendizagem que o *professor de uma disciplina entre em contato com os colegas que lecionam a mesma disciplina* naquele semestre ou em outros para que juntos possam discernir melhor o que é necessário que os alunos de determinado curso aprendam com aquela disciplina para sua formação profissional.

A área de conhecimento de uma disciplina é muito extensa e bastante profunda. Não se trata de o aluno vir a conhecer tudo que ela pode oferecer, mas as informações próprias para o curso que frequenta. Juntos, os professores dessa disciplina poderão identificar melhor o que é necessário que o aluno aprenda naquele curso e como fazer para que a aprendizagem daquela disciplina seja significativa.

Assim procedendo, o professor, embora seja único no comando da aula, levará para sua ação docente a experiência de todo um grupo de especialistas na matéria.

Além disso, seria igualmente importante que *os professores das diversas disciplinas* lecionadas no mesmo semestre, ou em anteriores ou posteriores, *pudessem se encontrar* para analisar as possibilidades de integração entre elas, uma vez que todas cooperam para a formação do profissional. Por vezes, assuntos podem se complementar, temas poderiam não se repetir, situações e experiências profissionais poderiam ser exploradas conjuntamente, *cases* estudados com a participação de diversas disciplinas, projetos realizados com a participação de várias cadeiras, visitas técnicas preparadas, executadas e debatidas com mais de um professor. Esses são exemplos de interação entre professores que facilitam e promovem aprendizagem.

A *interação professor–aluno*, tanto individualmente quanto com o grupo, se destaca como fundamental no processo de aprendizagem e se manifesta na atitude de *mediação pedagógica* por parte do professor, na conduta de *parceria e corresponsabilidade* pelo processo de aprendizagem entre aluno e professor e na aceitação de *uma relação entre adultos* assumida por professor e aluno.

Por *mediação pedagógica* se entende a atitude, o comportamento do professor que se coloca como um facilitador e incentivador ou motivador da aprendizagem, que se apresenta com a disposição de ser uma ponte entre o aprendiz e sua aprendizagem.

A forma de apresentar e tratar um conteúdo ou tema é o que de fato ajuda o aprendiz a coletar informações, relacioná-las, organizá-las, manipulá-las, discuti-las e debatê-las com seus colegas, com o professor e outras pessoas (interaprendizagem), até chegar a produzir um conhecimento que seja significativo para o aprendiz, que se incorpore ao seu mundo intelectual e vivencial e o ajude a compreender sua realidade humana e social, e mesmo a interferir nela.

Certamente não está dentro da concepção deste livro a apresentação de um tema ou conteúdo pronto e completo para ser assimilado pelo aprendiz, por ser esse talvez um caminho mais fácil ou menos trabalhoso ou mais rápido para deter algumas informações.

> A mediação pedagógica busca abrir um caminho a novas relações do estudante: com os materiais, com o próprio contexto, com outros textos, com seus companheiros de aprendizagem, incluído o professor, consigo mesmo e com seu futuro. (Pérez e Castillo, 1999, p. 10)

São características da mediação pedagógica:
- dialogar permanentemente de acordo com o que acontece no momento;
- trocar experiências;

- debater dúvidas, questões ou problemas;
- apresentar perguntas orientadoras;
- auxiliar nas carências e dificuldades técnicas ou teóricas quando o aprendiz não consegue se conduzir sozinho;
- garantir a dinâmica do processo de aprendizagem;
- propor situações-problema e desafios;
- desencadear e incentivar reflexões;
- criar intercâmbio entre a aprendizagem e a sociedade real onde nos encontramos, nos mais diferentes aspectos;
- colaborar para estabelecer conexões entre o conhecimento adquirido e novos conceitos, fazendo a ponte com outras situações análogas;
- colocar o aprendiz frente a frente com questões éticas, sociais, profissionais, conflituosas, por vezes;
- colaborar para desenvolver a crítica com relação à quantidade e à validade das informações obtidas;
- cooperar para que o aprendiz use e comande as novas tecnologias para aprendizagem e não seja comandado por elas ou por quem as tenha programado;
- colaborar para que se aprenda a comunicar conhecimentos, seja por meios convencionais, seja mediante novas tecnologias.

A mediação pedagógica coloca em evidência o papel de sujeito do aprendiz, fortalecendo-o como ator de atividades que lhe permitirão aprender e alcançar seus objetivos. Dá também um novo colorido ao papel do professor e aos novos materiais e elementos com que ele deverá trabalhar para crescer e se desenvolver.

A *atitude de parceria* e *corresponsabilidade* entre professor e aluno, visando desenvolver o processo de aprendizagem, se estabelece e fortifica mediante atitudes e comportamentos que os colocam juntos, lado a lado, trabalhando pelos mesmos objetivos, como equipe de trabalho.

Tais atitudes estão longe daquelas que, por vezes, ainda são encontradas, ou seja, o professor que consciente ou inconscientemente se coloca como obstáculo a ser vencido pelo aluno para que este se forme, ou que entende que as funções de professor e aluno são dicotômicas, isto é, cada um deve fazer sua parte no processo independentemente do outro. Se ambos cumprirem com suas obrigações, a aprendizagem acontecerá. Se porventura ela não se realizar, a responsabilidade recai sobre o aluno que não conseguiu dar conta de sua tarefa.

A atitude de parceria e corresponsabilidade se inicia com um pacto entre alunos e professor para juntos buscarem aprendizagem (desenvolvimento pessoal e profissional, como visto). E, para que haja um compromisso, o primeiro passo é abrir uma discussão sobre a razão de se encontrarem naquela situação de professores e alunos e o que vão juntos buscar. Dialogar sobre a situação de ser um grupo, e como tal deve-se conhecer (quem são, o que fazem ali...) e definir alguns interesses comuns que os unam.

É o momento de envolver a classe na discussão de programação dos trabalhos que poderão ser realizados. Ouvir as expectativas e necessidades dos alunos quanto ao que poderiam aprender naquela disciplina, conhecer seus interesses, identificar a falta de motivação, demonstrar a relação da disciplina com outras do curso e com a vida profissional, responder às dúvidas e a outras questões que os alunos possam ter, saber se já ouviram falar do conteúdo da disciplina, que tópicos conhecem e de onde obtiveram essas informações, comentar como membro do grupo quais assuntos precisam ser estudados naquela disciplina e por quê.

É também o momento de organizar com a classe o conteúdo da disciplina relacionando os vários tópicos com a realidade profissional dos alunos, procurando trazer o dia a dia para a sala de aula, fazendo-os realizar ou levantar aplicações práticas do assunto, organizando-os por grandes temas que integrem o maior número de informações e permitindo, assim, que o aluno desenvolva a aprendizagem de conhecimentos integrados.

Pode-se também dialogar com os alunos sobre quais técnicas devem ser utilizar nas aulas. Mostrar-lhes a importância de estar aproveitando o período de aulas para estudar, ler, debater, resolver casos, fazer exercícios, discutir casos clínicos, participar de aulas expositivas etc. Ajudar os alunos a perceber que o espaço de aula não é apenas para o professor falar e o aluno ouvir, mas um tempo de ambos trabalharem para que a aprendizagem ocorra. Para tanto será necessária uma preparação de leitura e estudo fora do período de aula. As aulas, então, serão desenvolvidas com técnicas que motivem os alunos diversificando a forma de aprender, incentivem a participação, propiciem a integração do grupo e explorem a possibilidade da interaprendizagem.

A revisão do processo de avaliação colabora eficazmente para uma atitude de parceria e corresponsabilidade. Ela deve ser vista como uma contínua informação ao aluno e ao professor sobre o desempenho do primeiro, de modo a saber se ele está aprendendo ou não, o que deverá ser feito caso esteja com dificuldades e como superá-las. Fazer da avaliação um processo sem tensão, voltado mais para identificar o que o aluno aprendeu e motivá-lo a aprender o que ainda não foi capaz, é um meio de solidificar a coparticipação. Avaliar o desempenho do professor e a adequação do programa em desenvolvimento é uma forma de demonstrar que os vários elementos de um processo e aprendizagem são corresponsáveis por ela, e não apenas os alunos.

Desenvolver por parte do professor e do aluno uma *relação entre adultos* pode parecer algo utópico, uma vez que, na percepção de muitos professores, não existe por parte do aluno tal condição: ainda são jovens, quase adolescentes, e como tais um tanto irresponsáveis. É um grande desafio.

Não se defende que os alunos do ensino superior demonstram a mesma maturidade que os professores. Afirma-se que o aluno do ensino superior, desde seu primeiro ano de faculdade, é capaz de iniciar e desenvolver um relacionamento adulto com seus professores, o qual se caracteriza por assumir com responsabilidade o processo de aprendizagem. É importante lembrar que, como o desenvolvimento de um comportamento adulto sempre é um processo, contará com momentos e atitudes de maturidade e outros em que o aspecto adulto deixa a desejar, aliás, o que também acontece com os professores. Mas a perseverança em continuar com o processo é fundamental.

Espera-se do aluno que ele firme com o professor e com os colegas um compromisso de se empenhar para levar à frente o plano de trabalho, em uma ação cooperativa, respondendo por sua parte tanto quando realiza as atividades programadas como nos momentos em que deixa de cumprir o combinado, o que então o levará a discutir com o professor e com os colegas de que maneira poderá recuperar os conteúdos.

Propõe-se então que a relação entre professor e aluno parta do princípio de que ambos são capazes de assumir um processo de aprendizagem, de que o aluno está apto a trabalhar em parceria com o professor e com os colegas para aprender.

Esse relacionamento adulto pode ser facilitado centrando-se a aprendizagem em problemas e experiências significativas para o aprendiz, deixando claros os objetivos que se pretende alcançar, quando se tratar de mudança de comportamento, motivar o aluno para tal, fazendo que ele perceba a inadequação do comportamento anterior. Os adultos podem ser fortemente motivados para aprender nas áreas relevantes para o desenvolvimento de suas tarefas e de seus papéis sociais e profissionais; aprender mediante variados estilos de aprendizagem e por diferentes caminhos que precisam ser respeitados; aprender pela troca de ideias, por informações e experiências.

Desenvolver uma reflexão crítica é fundamental para o adulto, permitindo-lhe conhecer diferentes teorias e pontos de vista, discutir alternativas para o exercício de sua profissão, dialogar sobre os valores embutidos nas soluções técnicas apresentadas, analisar as perspectivas do mundo social e político.

Participar efetivamente em todas as atividades programadas, trazendo sempre sua colaboração fundamentada, buscar explicitar sempre o significado das aprendizagens que se propõe adquirir, desenvolver uma aprendizagem significativa (como já considerado antes), definir claramente objetivos e metas, bem como recursos adequados e eficientes, e criar um sistema de *feedback* contínuo são aspectos importantes e fundamentais que precisam ser combinados entre professor e aluno e pavimentam uma relação forte de compromisso entre parceiros adultos em um processo de aprendizagem, assumindo ambos as consequências quando não realizado o combinado, abrindo-se novas chances de acertos.

A prática de trabalhar com a educação de adultos supõe, por parte dos professores, estabelecer um clima físico (desde a arrumação das carteiras em círculo até o emprego de técnicas participativas que permitam deslocamentos no espaço de aula) e psicológico que propicie uma atmosfera de mútuo respeito e confiança entre os participantes, enfatizando assim a aprendizagem como algo agradável; envolver os participantes no diagnóstico de suas necessidades e encorajá-los a identificar recursos e estratégias que lhes permitam atingir os objetivos; compartilhar com os alunos a avaliação de sua aprendizagem.

A terceira dimensão de interação do professor (professor–professor, professor–aluno) diz respeito à *interação do professor com a direção*. Essa também é um participante importante no processo de aprendizagem.

O professor necessita interagir com o diretor de sua faculdade, pois este deverá ser o principal interessado em que o processo de aprendizagem se realize da melhor forma possível. Informá-lo sobre o que se pretende fazer, os resultados esperados, e como motivar e interessar os alunos poderá colocar o diretor ao lado deles, como participante efetivo do processo de aprendizagem.

E dele se precisa de:
- apoio;
- alguns recursos pedagógicos;
- utilização de espaços físicos;
- recursos para atividades fora do espaço tradicional das aulas;
- equipamentos como computadores, internet, softwares;
- apoio para adaptações no sistema de avaliação;
- recursos para realizar visitas técnicas;
- aprovação para uma reorganização do próprio currículo.

Enfim, é preciso que a direção conheça e aprove as mudanças no processo de aprendizagem para se poder contar com seu apoio e seu envolvimento. Se, porventura, essa interação se mostrar muito difícil ou mesmo impossível no momento, deve-se esperar outra oportunidade. Enquanto isso, avança-se com as propostas de melhorar o processo de aprendizagem nos cursos de graduação.

Essa interação fecha o círculo de interações do professor com vários integrantes do processo de aprendizagem. Mas há outro membro desse processo — o aluno — cujo comportamento de interação é preciso comentar.

INTERAÇÕES DO ALUNO

Com efeito, é vista com muita naturalidade a interação do professor com o aluno e a deste com o professor, porque em ambas está incluída a visão de que aluno aprende com o professor. O que se quer refletir é sobre a possível aprendizagem na interação *aluno-aluno, ou seja, entre alunos*.

Para os professores, considerando a arrumação das carteiras em sala de aula — uma atrás da outra e todas voltadas para o centro, ou seja, em direção ao professor —, o diálogo que se estabelece entre ele e aluno, a crença de que ele é quem sabe e portanto pode ensinar a quem não sabe, parece estranho que os alunos possam vir a aprender com seus colegas.

No entanto, como para os professores o processo de aprendizagem é um processo de mudança que os aprendizes constroem mediante pesquisa, troca de experiências, ideias e vivências, e por meio de abertura para as diversas situações novas surgidas entre eles, processo em que o papel do professor é de mediação pedagógica, não é de estranhar que os alunos possam aprender com a troca de informações que trazem, com as discussões que promovem, com os diálogos que estabelecem, com as explicações mútuas que se oferecem. Muitos alunos apresentam dificuldade de aprender com seus professores e acabam aprendendo com as explicações de seus colegas.

Cabe aos professores, em primeiro lugar, acreditar que os alunos são capazes de aprender com seus colegas, para em seguida planejar atividades em que eles trabalhem juntos e alcancem determinados objetivos, incentivar trabalhos em grupos, planejar situações em que possam oferecer *feedbacks* aos colegas e discutir entre si essas sugestões, incentivar atividades de aprendizagem que venham a ser planejadas e realizadas por grupos de alunos, usar técnicas que favoreçam o debate entre eles.

Sobretudo, é importante contribuir para que se modifique uma cultura muito comum entre os alunos: "O professor só trabalha quando dá aula expositiva", quer os alunos aprendam ou não. Ou ainda: "Quando os alunos trabalham em aula, em atividades planejadas pelo professor, mesmo que estejam aprendendo, o professor 'está matando aula'". A interaprendizagem é fundamental para o processo de aprendizagem e dela não se pode prescindir.

Por último, a consideração sobre o monitor e seu papel no processo de aprendizagem. Trata-se de um participante de forte interação com o professor e com os alunos.

E O MONITOR?

É uma figura relativamente pouco frequente nas salas de aula, e as razões para isso são várias. Ora é a instituição educacional que não propõe facilidades, ora é o próprio professor que, não sabendo muito bem como aproveitar a presença do auxiliar para melhorar a aprendizagem do aluno, prefere evitá-lo; talvez nem tenha se detido para refletir sobre a questão; ou, ainda, tenha tido, como aluno, experiências desagradáveis com monitores.

É verdade que, por vezes, o monitor está em sala de aula mais para ajudar o professor que o aluno. Apresenta-se mais como um secretário do professor, um bedel da classe, uma espécie de "fiscal", ou até mesmo como um assistente do professor. Nessas circunstâncias, concorda-se que não pode contribuir positivamente para um melhor relacionamento professor–aluno em sala de aula.

No entanto, a função de monitor poderá se tornar fundamental no processo de aprendizagem se se entendê-lo como aquele aluno de turma mais avançada que se dispõe a *colaborar com seus colegas* de turmas posteriores à sua.

De um lado, já tendo passado por aquela experiência, e se encontrando presente em sala de aula, é capaz de captar melhor as dificuldades que os alunos manifestam no curso e na disciplina, ajudando-os a expor esses problemas ao professor. Poderá ainda favorecer o processo de aprendizagem dos alunos se estiver voltado para incentivar a participação da classe nas atividades propostas, para dinamizar as equipes de trabalho, para rever com alunos, individualmente ou em grupos, atividades não desempenhadas adequadamente, para colaborar com os alunos na compreensão dos textos.

De outro lado, se reunirá com o professor para preparar a aula, checar se a linguagem e as estratégias apresentam-se compreensíveis aos alunos, discutir e colaborar com o professor nos encaminhamentos concretos a serem dados aos alunos, de tal forma que favoreça a interação aluno–professor e professor–aluno.

Com o professor, o monitor poderá colaborar na revisão da programação: se foi adequada aos objetivos propostos, se foi compreendida pelos alunos, se teve condições de ser realizada, se, em particular, os textos escolhidos estiveram ao nível dos alunos, se as estratégias realmente facilitaram a consecução dos objetivos pelos alunos.

Dessa descrição pode-se depreender como um monitor poderá facilitar a relação professor–aluno em sala de aula, como poderá ser um elo que una ambos em uma célula de trabalho intelectual em sala de aula e como poderá ser um eficiente colaborador na aprendizagem de seus colegas.

De seu ponto de vista, o monitor encontrará o seu desenvolvimento na medida em que aprofundar seus estudos a respeito do conteúdo da matéria, colocar-se em uma posição de observação e de ação pedagógica propriamente dita e tiver mais oportunidade de refletir sobre o ensino e a educação, pela convivência assídua com o professor e pela constante troca de *feedbacks* entre ambos, bem como entre ele e a classe.

Conforme a experiência, no entanto, observa-se que algumas condições são indispensáveis para que tudo isso possa ocorrer, isto é, para que o monitor não se torne um fardo para o professor, um "zero à esquerda" para os alunos, e para que o exercício da monitoria não seja frustrante para o próprio monitor.

1. Que a *seleção* dos monitores se faça tendo como critério básico o *envolvimento-interesse* manifestado pelo aluno naquela disciplina, sua produção intelectual durante o curso e seu relacionamento de colaboração com colegas e professores.

2. Que os candidatos, uma vez selecionados, *participem de um processo de aprendizagem* no qual se discutam claramente as funções do monitor, as condições para realizá-las, o que esperar como benefício dessa monitoria e o que a disciplina vai exigir dele como monitor.

3. Que *professor e monitor se encontrem*, ao início do semestre, para juntos discutirem a programação semestral e, semanalmente, avaliarem o desenvolvimento da programação, a reação e o aproveitamento dos alunos e possíveis adaptações da mesma programação para aquela semana.

Caso essas três condições não se concretizem, corre-se sérios riscos, como infelizmente a experiência já o demonstra: contar com um monitor que, em vez de colaborar com a aprendizagem do aluno e cooperar para uma integração professor-aluno, estará presente em sala de aula promovendo, como consequência, exatamente o contrário do que dele se espera.

Por outro lado, se o monitor e o professor cumprirem as condições acima, sem dúvida o monitor será mais um elemento, e valioso, para que, juntos, professor, alunos e monitor construam um curso que resulte no desenvolvimento pessoal de todos.

(5)

O docente do ensino superior e o projeto político pedagógico

Após se refletir a respeito do processo de aprendizagem e a interação entre seus participantes, seria de esperar que imediatamente se iniciasse um debate sobre o ambiente de aula, onde esse processo ocorre.

Entretanto, há dois temas que necessitam de estudo e antecedem o debate concreto sobre a aula. Trata-se (1) de compreender o que vem a ser o Projeto Político Pedagógico de uma instituição de ensino superior, seu papel e (2) sua relação com o currículo de um curso.

Esses temas revestem-se de grande atualidade por dois motivos: em primeiro lugar, a prática costumeira de contratar professores do ensino superior para "ministrar uma disciplina" coloca o docente imediatamente "em aula daquela disciplina", não lhe oferecendo condições de perceber a inter-relação de sua disciplina com as demais que integram o currículo do curso. Tal fato está sendo percebido como uma das causas mais sérias da fragmentação do conhecimento nos cursos de graduação. Em segundo lugar, a exigência por parte do Ministério da Educação e Cultura (MEC) do projeto pedagógico para aprovação de cursos e avaliação destes.

Atualmente, nas instituições de ensino superior, ouve-se falar muito em *Plano de Desenvolvimento Institucional* (PDI), também exigido pelo MEC, correspondente ao plano estratégico da instituição. O PDI, além de definir os objetivos de uma instituição e os princípios educacionais orientadores de suas atividades, deverá demonstrar que possui os meios e recursos necessários tanto para cumprimento das atuais metas, em um cronograma estipulado, como para possível desdobramento de suas atividades.

O *Projeto Político Pedagógico* é o subconjunto mais importante do PDI na medida em que organiza e consolida a programação das atividades acadêmicas de ensino, pesquisa e extensão, dos cursos de graduação, especialização e pós-graduação, além de orientar a política de contratação de docentes e funcionários, o aperfeiçoamento e desenvolvimento deles, o processo de seleção dos candidatos e a infraestrutura acadêmica, administrativa e pedagógica.

Diz-se que o projeto pedagógico é um projeto político porque estabelece e dá sentido ao compromisso social que a instituição de ensino superior assume com a formação de profissionais e de pesquisadores cidadãos que, na sociedade em que vivem, trabalhando como profissionais, pesquisadores ou cientistas, desenvolvem sua participação e seu compromisso com a transformação da qualidade de vida dessa sociedade. Assim afirma Ana Célia Bahia Silva:

A discussão do projeto pedagógico exige uma reflexão acerca da concepção da universidade, e sua relação com a sociedade e a formação profissional, o que não dispensa uma reflexão sobre concepção de homem, cidadania e consciência crítica. (Silva, 2000, p. 42)

Especificamente em relação ao ensino de graduação, o projeto pedagógico é a organização interna da instituição de ensino superior que:
- define os perfis dos profissionais que pretende formar, explicitando sua marca, missão, visão de sociedade e de ensino superior;
- planeja os cursos, as atividades e os projetos que pretende desenvolver na área de ensino e extensão, buscando superar a fragmentação das áreas do conhecimento, integrando-as nas atividades acadêmicas e nas demais atividades;
- identifica e contrata os profissionais necessários e capacitados para a realização de seus cursos e suas atividades acadêmicas;
- planeja e institui os recursos necessários para seus objetivos: espaços, laboratórios, biblioteca, videoteca, internet, secretarias, serviços gerais e toda a infraestrutura exigida para o funcionamento adequado aos fins que se pretende atingir.

O projeto pedagógico apresenta-se como um todo orgânico e articulado. Essa característica é fundamental. Articulam-se organicamente, de acordo com os objetivos e as metas que tiverem sido estabelecidos: professores, disciplinas, alunos, horários de disciplinas e de atividades, carga horária, uso dos espaços e dos recursos da instituição, políticas de ensino e de formação continuada de professores, técnicos e funcionários, plano de carreira, política de titulação, atividades de interação com a sociedade, política de informática, e assim por diante.

Desse modo, já se pode perceber que o projeto pedagógico envolve uma interação profunda entre os mais diversos profissionais e os mais diferentes setores de uma instituição. Ele extrapola a simples confecção de um documento. Exige que todos os seus membros participem, trazendo expectativas, problemas, propostas, o "como" fazer. Trata-se de um processo dinâmico de ação e reflexão dos seus diversos membros, procurando uma articulação entre o que é real e o que é desejado, reduzindo as distâncias entre valores, discursos e ações, entre ações administrativas e acadêmico-pedagógicas que visam à formação do profissional desejado. A discussão é a estratégia por excelência para veicular as críticas e proposições de professores, alunos, funcionários e profissionais da área que vivenciam os problemas do dia a dia.

Coordenadores de cursos, diretores de cursos ou diretores de faculdades, presidentes de colegiados de cursos (qualquer que seja a denominação daqueles que por função coordenam os cursos de graduação) têm o papel de liderar o processo de construção coletiva do projeto pedagógico. Isso não significa que cabe ao coordenador de curso nomear uma comissão de *experts* para que redijam um documento e o submetam aos demais membros daquele curso. Documentos elaborados sem a participação dos demais membros da comunidade, impostos de cima para baixo, costumam não sair do papel. Ora, é preciso um projeto pedagógico que seja assumido na prática por todos. Então, todos deverão participar de sua confecção, liderados pela autoridade competente.

Construir um projeto pedagógico coletivo reforça a função da equipe diretiva ou coordenadora no sentido de administrar sua elaboração e consecução em sintonia com o grupo de professores, alunos, funcionários e sociedade. A construção coletiva ajuda a superar o imobilismo e a resistência à mudança, bem como acabar com o individualismo e o isolamento.

Uma vez realizadas as discussões e os debates, é importante que se caminhe para uma documentação dos resultados, elaborando-se assim o Projeto Político Pedagógico daquela instituição de ensino superior, documento orientador para todos os cursos de graduação que venham a ser implantados.

Todo projeto pedagógico necessita de uma gestão: em sua construção, em sua implantação e no acompanhamento de sua realização.

No acompanhamento do projeto pedagógico, a gestão prevê sistema de avaliação, de correção de rumos, de apoio e diálogo contínuos para encorajar a comunidade a levar à frente o projeto.

A gestão pedagógica do projeto significa mediar entre o que se discutiu e planejou e sua concretização na prática. É essencial abrir espaços para que prossigam as reflexões e discussões coletivas que dão sustentabilidade ao processo de implantação do projeto, ou seja, mudar o que precisa ser mudado e manter o que precisa ser mantido.

O que tem que ver o professor do ensino superior com o projeto pedagógico?

Em primeiro lugar, é necessário que o docente se sinta responsável por colaborar com a formação de um profissional, e não apenas por ministrar uma disciplina.

Em segundo, deve-se:
- procurar conhecer o perfil do profissional que a instituição onde trabalha definiu ou está definindo, para então começar a participar com suas ideias sobre o perfil do profissional esperado;
- interessar-se por manter encontros com outros colegas para compartilhar das ideias e propostas e das discussões destes, buscando acertar pontos em comum e pontos viáveis de execução, que sejam coerentes com os objetivos propostos;

- repensar sua participação e presença naquela instituição, buscando meios de continuar trazendo suas colaborações e pensando como planejar sua disciplina de modo que se integre com as demais e com outras atividades do curso, alinhadas com o projeto pedagógico proposto.

(6)

O docente do ensino superior e o currículo de seu curso

No capítulo anterior foi visto que, atualmente, em toda instituição há um Plano de Desenvolvimento Institucional (PDI). Dentro dele, um subconjunto importantíssimo, porque se refere aos fins de uma instituição educacional, que é o Projeto Político Pedagógico.

Neste capítulo, a ideia é refletir a respeito do *currículo*, que, por sua vez, é o coração do Projeto Pedagógico.

Até recentemente, identificava-se o currículo com a grade curricular, ou seja, a distribuição das disciplinas de acordo com sua carga horária, nos diferentes dias e horários da semana, do semestre e do ano.

O conceito de currículo pode ter várias compreensões: a primeira é mais ligada ao conceito etimológico e significa tudo aquilo que precisa ser ensinado ou aprendido segundo uma ordem de progressão determinada em um ciclo de estudos. A ideia de currículo ligado a curso, a percursos, a uma organização de assuntos, ou de conhecimentos ou de tudo que se deveria aprender. A preocupação é: como ordenar o que precisa ser aprendido em determinada ordem?

A ideia de currículo parece ser encontrada, em geral, na vida dos docentes: um conjunto de disciplinas que transmitem os conhecimentos necessários para a formação de um profissional, disciplinas estas que estão justapostas por semestres ou anos e cujos créditos obtidos permitirão a formatura do profissional. São disciplinas justapostas e sem integração entre si que fundamentam o currículo. Cada disciplina, por sua vez, segundo seus especialistas, define em si o que é necessário ser ensinado. Ao aluno que cursará as disciplinas caberá estabelecer uma possível integração entre elas e realizar uma síntese que lhe permita exercer com competência sua profissão. Se ele não conseguir fazer essa integração, o que possivelmente vai acontecer, terminará sua faculdade com conhecimento distribuído por compartimentos, soltos, devendo conseguir essa façanha a duras penas durante o exercício da sua profissão.

Em geral, essa primeira compreensão de currículo é a que preside às diferentes comissões de reforma curricular que se organizam nas faculdades. Com efeito, tais comissões, ao apresentarem um novo currículo, oferecem outra grade curricular, na qual disciplinas mudaram de carga horária, de dias na semana, de semestres ou de anos. Os professores tiveram mais ou menos atendidos seus interesses por horários disponíveis para lecionar.

Há um segundo conceito de currículo: o chamado "currículo oculto", ou seja, aquele que o professor faz acontecer em sala de aula. Nem sempre ele está de acordo com o prescrito, com o formal, com o que está documentado na secretaria ou no departamento. Mas são os conhecimentos atuais e emergentes que surgem, habilidades que os alunos desenvolvem em sala de aula, valores que são discutidos e não estão explícitos nos currículos.

Como aparecem esses pontos de aprendizagem? Alguns professores relatam que, conforme avançam a aula, eles vão surgindo e exigindo ser tratados, independentemente de estarem ou não expressos no currículo. O professor não tem planejamento intencional para aquelas atividades, mas as realiza quando surgem e lhe parecem interessantes.

Um terceiro conceito de currículo define-o como um conjunto de conhecimentos, saberes, competências, habilidades, experiências, vivências e valores que os alunos precisam adquirir e desenvolver, de maneira integrada e explícita, mediante práticas e atividades de ensino e de situações de aprendizagem.

Tal conceito assume as disciplinas como elemento essencial do currículo, mas de forma integrada, como colaboradoras das demais para a formação do profissional. Não há disciplina mais valorizada ou menos valorizada. Todas são importantes desde que necessárias para a formação esperada. Não é qualquer conhecimento ou informação da disciplina que se faz necessário, mas apenas aqueles que se mostram significativos para a formação daquele determinado profissional. Não são apenas os especialistas que vão definir o conteúdo das disciplinas, mas os especialistas com os professores que planejaram o curso.

Essa consideração é de muita importância porque recoloca a disciplina no seu verdadeiro lugar dentro de um currículo.

A disciplina é um componente curricular e, como tal, deverá estar a serviço da formação esperada por aquele currículo e não se sobrepor a ele, como se fosse totalmente autônoma, não devendo se reportar a nada a não ser aos conhecimentos que produz e que constituem sua área de pesquisa.

A noção de currículo apresentada dessa forma é muito mais abrangente. Engloba a organização da aprendizagem na área cognitiva e em outros aspectos fundamentais da pessoa humana e do profissional: saberes, competências, habilidades, valores, atitudes. E mais: mantém a ideia de que a aprendizagem seja adquirida explicitamente, mediante práticas e atividades planejadas intencionalmente para que aconteçam de forma efetiva, e não apenas por acaso ou quando der certo.

A próxima pergunta que se tem pela frente é: se um currículo compreende mais que as disciplinas organizadas, quais aspectos devem-se levar em conta para construir um currículo?

Em primeiro lugar, a necessidade da sociedade em que se vive e onde os alunos vão exercer sua profissão. Para pensar o currículo é importante que professores e especialistas saiam um pouco de dentro da universidade, observem o que está acontecendo na sociedade, as mudanças que estão se operando, as necessidades atuais da população, o mercado de trabalho e as novas exigências das carreiras profissionais que oxigenam suas ideias, bem como as representações e os contatos com a realidade. Em seguida, devem voltar para a universidade e então reconsiderar suas especialidades, pesquisas, experiências e procurar compor com o que sentiram e perceberam na sociedade para depois discutir e repensar um currículo mais atualizado.

Um segundo ponto a considerar na organização de um currículo é a questão do progresso científico e tecnológico, que é muito séria atualmente.

Vive-se em uma sociedade tecnológica muito diferente daquela da Revolução Industrial, porque com a informática, a telemática, a velocidade das informações em tempo real, a multiplicidade de espaços novos onde se produz o conhecimento, sua disponibilidade e acesso, não é mais privilégio da universidade produzir conhecimento. Podem-se pesquisar e adquirir informações de vários organismos e especialistas, empresas e publicações, por meio do computador, de forma direta e rápida.

A organização de um currículo também coloca seus construtores em uma perspectiva de perscrutar o horizonte em busca de novas possibilidades, desafiar os limites do estabelecido e pensar um ensino superior que responda às exigências atuais e futuras. Permite, ainda, propor um projeto educacional para a formação de profissionais que estejam voltados para a transformação da ordem social.

Por fim, organizar um currículo é definir as características que já se espera que os profissionais formados por esse curso desenvolvam quanto ao conhecimento, às habilidades humanas e profissionais, aos valores e atitudes; exigir princípios claramente postos quanto à integração da teoria com a prática e à integração das áreas de conhecimento e, por conseguinte, das disciplinas e atividades propostas; impor a definição de princípios para um trabalho docente colaborativo e integrado, e dos princípios que orientarão o processo de aprendizagem, a seleção de recursos e meios (técnicas), a seleção e organização dos conteúdos a serem tratados e o processo de avaliação. Não se poderá deixar de considerar a relação esperada entre os participantes do processo de aprendizagem.

Com esses princípios estabelecidos, o currículo organiza e estrutura as disciplinas e as atividades necessárias, bem como um sistema de acompanhamento da execução do próprio currículo.

Como vimos, tanto o Projeto Pedagógico como o currículo estão intimamente vinculados ao professor em sua constituição ou em sua implantação, execução e avaliação. No entanto, não é isso que se vê acontecer com a quase totalidade dos docentes do ensino superior, que ministram suas aulas alheios ao currículo e ao projeto pedagógico. Por vezes, chega-se a desconhecer até mesmo a grade curricular do curso em que se ensina. A que se pode atribuir tal fato?

As ações do corpo docente de uma instituição do ensino superior, em geral, são marcadamente individualizadas.

Desde o início da vida acadêmica o professor é contratado para lecionar uma disciplina. A escolha partia de critérios que indicavam sua competência em determinada área do conhecimento, a experiência de que dispunha, a especialização, o mestrado e doutorado concluídos. Uma vez aprovado, recebia o programa da disciplina a ser lecionada, a bibliografia a ser usada, o horário de aula e o diário de classe.

Ao se dirigir para a sala de aula e iniciar o curso, em geral, desconhece-se o currículo como um todo: isto é, quais disciplinas são lecionadas no mesmo período para os alunos; quais disciplinas cursaram antes da aula ou sucederão a ela; desconhece-se a relação entre a disciplina que se irá lecionar e, às vezes, a relação desta com a formação do profissional que se pretende dar. Em uma palavra, desconhecem-se o projeto pedagógico e a organização curricular do curso.

Algumas consequências dessa situação: as disciplinas são tratadas individualmente, isto é, não em seu mútuo relacionamento e cooperação para colaborar na formação de profissional. As disciplinas são, por vezes, planejadas e lecionadas por professores de outros departamentos que as privilegiam como uma área específica de conhecimento, não levando em consideração o curso e suas necessidades, bem como os interesses dos próprios alunos, como se as disciplinas fossem autônomas e ao aluno coubesse descobrir seu significado para seu curso e sua profissão.

Os problemas resultantes são muito bem conhecidos: os alunos mostram-se desinteressados e desmotivados pela matéria, o ensino é fragmentado e há a presença contínua, em todas as matérias e em todos os anos, da clássica pergunta: para que serve essa matéria?

E os professores, em lugar de entender essa dúvida como uma questão pertinente, em geral a criticam como se os alunos quisessem apenas o pragmático. É um direito do aluno saber para que vai estudar aquele conteúdo que lhe é proposto. É dever do professor responder adequadamente a essa dúvida.

Diante dessa situação, parece de grande relevância repensar o papel do docente do ensino superior perante o currículo.

Como fazer isso? Quatro considerações que poderão oferecer um início de problematização do assunto, bem como permitirão discutir as ações docentes e o desenvolvimento curricular, serão apresentadas.

1. *Uma boa pista parece ser a de lembrar novamente que uma das competências pedagógicas do professor é saber atuar como conceptor e gestor do currículo.*

De fato, ao professor cabe discutir as características do profissional que se pretende formar, os princípios de aprendizagem que orientarão diferentes atividades, a organização das atividades e disciplinas que tenham condições de mediar a aprendizagem, as técnicas usadas, o processo de avaliação e as técnicas avaliativas que acompanharão o aprendiz em sua caminhada em direção aos objetivos e às metas propostos. Caso chegue a uma instituição que já possui seu projeto pedagógico e currículo, deverá procurar se inteirar deles para planejar sua disciplina e atividades segundo tais projetos.

Essa ideia se contrapõe à situação real existente, na qual os currículos são organizados e planejados por poucos funcionários e professores ou alguma comissão, aprovados por um colegiado superior e aplicados pelos professores. Elaborados dessa forma, os currículos costumam ser desconhecidos e os professores se limitam a ministrar suas disciplinas isoladamente.

2. *A segunda ideia é a de que os docentes procurem: debater com seus colegas e colaborar para que a organização curricular planeje atividades e disciplinas que trabalhem conjuntamente; integrar-se ao perseguirem os mesmos objetivos; complementar-se com seus conhecimentos; desenvolver um trabalho interdisciplinar; rever seus conteúdos; administrar o tempo e suas cargas horárias e os recursos técnicos em função dos objetivos propostos e das necessidades dos alunos; procurar uma integração entre as disciplinas do mesmo período letivo (integração horizontal) e entre as disciplinas dos períodos letivos antecedentes e consequentes (integração vertical).*

Com trabalho em equipe, com base no que foi sugerido, o currículo de um curso tem condições de se desenvolver, implantar, avaliar e modificar, procurando estar sempre à altura das novas exigências da sociedade. E o docente, com sua ação perante os alunos e sua participação na organização curricular, terá um papel fundamental de ativação no desenvolvimento do próprio currículo.

3. *Nessa perspectiva, uma vez que é tão importante a participação do professor na implantação de um currículo, há que se cuidar de modo todo especial do ingresso de professores novos no curso. Não será mais suficiente selecioná-lo apenas pelo domínio que possui na área cognitiva. Será preciso planejar atividades que permitam ao novo docente conhecer e debater o profissional que se pretende formar, a organização curricular, o projeto pedagógico, o relacionamento de sua disciplina com as demais, o necessário espírito de equipe, e com ele analisar sua disposição de participar de tal empreendimento, de tal projeto.*

4. *Uma das formas de conseguir envolver os docentes em atividades integradoras de conhecimentos, habilidades e atitudes é organizar um currículo para que se trabalhe constantemente com situações da realidade profissional por meio de grandes temas, de cases, ou de projetos e ações que interfiram diretamente em situações-problema. Complexas e desafiadoras, essas situações reais exigem integração de áreas de conhecimento, de habilidades, e trabalho em equipe. Essas situações aproximarão professores e alunos.*

Esse desenho curricular favorece grandemente o desenvolvimento das disciplinas em função dos objetivos desejados e a integração dessas mesmas disciplinas e ações dos docentes.

Ao professor não cabe apenas seguir as orientações curriculares. Ele deve também estar atento à realidade de seus alunos, ao meio social em que vivem, o que o chama a intervir no próprio processo curricular. Concebe-se o professor como um mediador decisivo entre o currículo estabelecido e os alunos, um agente ativo no desenvolvimento curricular.

(7)

Aula: ambiente de aprendizagem e de trabalho profissional do docente

Em capítulos anteriores o processo de aprendizagem no ensino superior foi discutido de forma que chamasse a atenção para o conceito abrangente que o termo "aprendizagem" comporta atualmente e como se aplica à realidade universitária.

Um dos desdobramentos dessa reflexão afeta diretamente a aula como o ambiente ou espaço em que a aprendizagem acontece.

Acostumados a ver a aula como um horário, um espaço físico e um grupo de alunos a quem se vai ensinar, os docentes terão de rever alguns pontos.

A AULA COMO UM GRUPO DE PESSOAS BUSCANDO OBJETIVOS COMUNS DE APRENDIZAGEM

Além de uma sala enumerada e com um grupo de alunos nela reunidos à espera do professor, a aula se apresenta como uma equipe de pessoas, incluindo alunos e professores, que se encontram para desenvolver um processo de aprendizagem ou consecução dos objetivos educacionais propostos. Um grupo de pessoas cujo objetivo é desenvolver a corresponsabilidade pelo aprendizado, a parceria, um relacionamento de diálogo e respeito entre pessoas adultas. A aula pode ser classificada, também, como um relacionamento que permite a professores e alunos trazer suas experiências, vivências, conhecimentos, interesses e problemas, bem como análises das questões para ser interpretadas e discutidas. As conclusões devem, portanto, ser sistematizadas, organizadas, servindo de encaminhamentos e pistas para ações de profissionais competentes e cidadãos.

A relação entre professor e aluno deixa de ser vertical, de imposição cultural, e passa a ser de construção em conjunto de conhecimentos que se mostram significativos para os participantes do processo, de habilidades humanas e profissionais e de valores éticos, políticos, sociais e transcendentais. A relação será aquela que permite ao professor saia de trás da mesa para se sentar com os alunos, pesquisando e construindo o conhecimento.

É um tipo de relacionamento entre alunos e professores que configura a aula como um encontro entre eles, o qual permita a aprendizagem. Sobressai o grupo, o coletivo trabalhando em direção a objetivos propostos, deixando na sombra o quadro do professor em sua mesa, ensinando alunos posicionados em suas carteiras alinhadas.

A AULA COMPREENDIDA COMO (CON)VIVÊNCIA HUMANA E DE RELAÇÕES PEDAGÓGICAS

Propositalmente, ao grafar a palavra "convivência", o que se quer é chamar a atenção para dois aspectos: vivência + com.

Vivência significa "vida", e vida traz consigo uma conotação de "realidade". Então, quando se fala da aula como "vivência", quer-se ressaltar a fundamentalidade de seu caráter de integração com a realidade. A aula como espaço que permita, favoreça e estimule a presença, a discussão, o estudo, a pesquisa, o debate e o enfrentamento de tudo que constitui o ser, a existência, as evoluções, as transformações, o dinamismo e a força do mundo, do homem, dos grupos humanos, da sociedade humana, que existem na realidade contextualizada temporal e espacialmente, em um processo histórico em movimento. Essa realidade diz respeito diretamente àqueles que se reúnem em uma aula.

A aula funciona em uma dupla direção: recebe a realidade, trabalha-a cientificamente e volta a ela de outra forma, enriquecida com a ciência e com propostas novas de intervenção.

Quando os alunos vivenciam essa dupla direção e percebem que as aulas lhes permitem voltar à realidade pessoal, social e profissional com "mãos cheias" de dados novos e contribuições significativas, esse espaço começa a ser um ambiente de vida para eles, fazendo sentido frequentar a aula e dela participar.

O aprendiz não faz a tal vivência da realidade isoladamente, mas "com" outros. Com quem?

Com o professor, no papel de mediador da aprendizagem e das relações entre todos os alunos de sua classe, uma vez que os aprendizes são valorizados como sujeitos do processo e suas ações são participativas. O trabalho em equipe busca responder às expectativas e necessidades do grupo, bem como trocar e discutir experiências. Cria-se um clima de segurança e abertura para críticas e pensamentos divergentes na medida que professor e aluno se comprometam a oferecer informações que demonstrem a consecução dos objetivos ou a necessidade de novas oportunidades a fim de que algo que não tenha sido aprendido possa ser desenvolvido imediatamente e a aprendizagem se efetive.

Com os colegas. Em geral, na prática docente de ensino superior não se encontra tão facilmente essa preocupação ou mentalidade tanto entre professores como entre alunos. Acredita-se que o aluno aprenda com o professor – resquício do modelo tradicional: quem sabe o professor ensine a quem não sabe, o aluno. Mas como entender que aluno — no modelo anterior, alguém que não sabe — possa aprender com outro que não sabe, no modelo anterior, outro aluno?

A preocupação é com os alunos que aprendem. Se remetidos à realidade, constata-se que é possível que uns aprendam com outros porque:
- há maior liberdade de comunicação entre colegas;
- não se tem receio de fazer perguntas "bobas" ou absurdas;
- a explicação vem em um linguajar mais próximo deles;
- há camaradagem e espírito de equipe entre eles.

Se essas atitudes forem incentivadas, existirá um ambiente de aula no qual a convivência entre colegas será um fator altamente favorável à melhora da aprendizagem. O uso de técnicas que integrem o grupo e incentivem a participação será bem-vindo para que as aulas se tornem um ambiente onde se trabalha em conjunto em busca de seus objetivos.

O relacionamento entre os participantes de uma aula também é fundamental. Ao selecionarmos professores para o ensino superior, o domínio em uma área de conhecimento e sua experiência nesse campo são imprescindíveis. Sim, isso é verdade. Até se exige, atualmente, mestrado e doutorado para a docência. No entanto, algo mais é igualmente importante, e disso nem sempre é dado conta. Trata-se do "algo a mais", que vai além do domínio do conhecimento e nos marca significativamente para o resto de nossas vidas.

Algumas pesquisas dizem (e pode-se testar) que os professores que marcaram a vida das pessoas, além de ser competentes em suas áreas de conhecimento, foram aqueles que:
- incentivaram a pesquisa;
- abriram a cabeça das pessoas para outros campos, outras ciências, outras visões de mundo;
- ajudaram a ser crítico, criativo, explorador da imaginação;
- manifestaram respeito aos alunos, interesse e preocupação por eles, disponibilidade em atendê-los, resolver-lhes as dúvidas, orientá-los em decisões profissionais;
- demonstraram honestidade intelectual, coerência entre o discurso de aula e sua ação, amizade;
- enfim, aspectos marcantes relacionados à convivência humana em aula.

Por certo não se espera que todos os professores desenvolvam esses comportamentos. Eles foram reunidos com base em uma série de depoimentos de professores, mas servem para indicar aspectos de relacionamentos que se apresentaram como extremamente importantes para obter um bom convívio com alunos em aula.

A AULA COMO ESPAÇO DE RELAÇÕES PEDAGÓGICAS

Como visto até este ponto, a aula é apresentada como ambiente específico de aprendizagem, com possibilidade de colaborar no surgimento de aprendizes, de se transformar em um encontro apaixonante, desafiador e realizador para as pessoas que nela se encontram e se reúnem: professores e alunos (aprendizes).

Como ambiente de aprendizagem, vislumbram-se algumas modificações no seu formato mais convencional:

O ESPAÇO FÍSICO DA AULA

Em geral ocupado por carteiras enfileiradas, para ser coerente com as ideias expostas, o referido espaço merece uma alteração: carteiras colocadas em círculo permitem que todos se vejam e se olhem ao discutir e debater. Deslocamentos físicos e rearranjos do espaço durante o período de trabalho colaboram para movimentar o corpo e alterar suas posições, trazendo conforto e facilitando a atenção. Aulas em espaços e ambientes alternativos na faculdade ou fora dela podem motivar e interessar os alunos. Os recursos que serão usados em aula devem estar previamente preparados para que seu funcionamento não exija interrupção da aula para sua montagem. O espaço físico e sua organização influenciam no interesse e na participação nas atividades e refletem as propostas de aprendizagem que se tem em vista.

REDEFINIÇÃO DOS OBJETIVOS DA PRÓPRIA AULA

A aula deixará de ser o tempo e o espaço em que o professor transmite oralmente informações e experiências ao aluno para se tornar o espaço e o tempo em que professores e alunos se encontram para debates e análises do material preparado, estudado, lido, pesquisado e trazido pelos participantes.

O objetivo de uma aula pode variar: desde ajudar os alunos a aprender a ler determinados livros técnicos, até a realização de uma mesa-redonda debatendo os resultados de uma pesquisa realizada por um grupo de alunos, passando por ouvir uma palestra de um conferencista depois que o tema já foi inicialmente estudado pelo grupo. Ainda: realização de atividades individuais ou em grupos para compreender um assunto, elaborar uma atividade prática, imaginar e planejar o uso do aprendido em situação completamente diferente, debater um vídeo ou um filme, fazer exercícios para desenvolver habilidades de resolver problemas, discutir situações reais que exigem debate sobre valores nelas incluídos para que a decisão não seja meramente técnica, mas comprometida com as melhores condições de vida para aquela parte da população que será afetada por ela, e assim por diante. Percebe-se quanta coisa interessante e diferente é possível ser feita em uma aula.

Aula é o espaço e ambiente para planejar em conjunto o curso a ser realizado, negociar as atividades, discutir interesses; ponto de encontro para leituras, exposições, debates, momentos de sínteses, diálogos e descobertas; tempo para identificação das necessidades, expectativas e interesses dos participantes para traçar objetivos a serem alcançados, definir e realizar um processo de acompanhamento e de *feedback* do processo de aprendizagem.

IMPLANTAÇÃO DE TÉCNICAS PARTICIPATIVAS

Com efeito, a situação mais comum nos cursos universitários é a aula expositiva, tanto em situações de aulas teóricas como em aulas práticas e de laboratório. O uso (e abuso) da técnica da aula expositiva precisa ser repensado: quando usá-la? Para que usá-la? Como usá-la? Como substituí-la por outras técnicas mais eficientes para a aprendizagem? Principalmente, como introduzir novas técnicas no ambiente aula que favoreçam a participação dos alunos?

Se a atitude de relação professor–aluno é a de corresponsabilidade e parceria, a participação é condição básica para que isso aconteça. Há necessidade de o aluno deixar sua passividade e o professor deixar de ser o centro do processo. Ambos precisam trabalhar e construir juntos. E, para que a participação se desenvolva, requerem-se estratégias que a facilitem.

Então, o uso de técnicas como painel integrado, GOGV, grupos de oposição e debates, seminários, projetos de pesquisa, grupos para formular e responder perguntas, dramatização, visitas a locais de atividades profissionais planejadas com roteiro de observação e relatórios para discussão, estágios, atividades com profissionais, pesquisa bibliográfica e de campo, estudo do meio, *brainstorming* etc. permite o trabalho individual, a colaboração para um trabalho em equipe, a aprendizagem individual e em equipe. Quando? Também nos momentos chamados aula.

Vale a pena acrescentar que a variedade no uso dessas técnicas cria uma motivação especial para a aprendizagem e para o envolvimento dos alunos.

Essa alteração significativa em técnicas de aula supõe conhecimento de um conjunto razoável delas pelo professor, domínio de sua aplicação, adaptações e até mesmo criação de novas técnicas. Além disso, supõe-se que o emprego dessas técnicas seja planejado de acordo com os objetivos da aula e da unidade.

O PROCESSO DE AVALIAÇÃO

Com base na rediscussão do processo de ensino–aprendizagem, outro processo também exige ser modificado e alterado nas aulas para que haja coerência: o processo de avaliação.

Tal processo deixa de ser uma fórmula pela qual o professor apenas atribui uma nota ao aluno e este busca, de todas as formas, essa mesma nota por intermédio de provas. A nota, em geral, é dada ou obtida em função do número de acertos e erros observados na provas, e, como se sabe, quase nada diz da significativa aprendizagem do aluno. A nota não representa o que o aluno aprendeu, mas o que acertou na prova. São duas coisas completamente diferentes, que até em alguns casos podem coincidir. Infelizmente, não na maioria.

O processo de avaliação precisa ser pensado, planejado e realizado de forma integrada à aprendizagem. Deve acompanhar esse processo de modo contínuo, tanto nos momentos de sucesso como naqueles em que não se conseguiu aprender, assumindo o erro como oportunidade de crescer e aprender (e não castigo ou indicação de menor capacidade do aprendiz). Esse acompanhamento assume a característica de *feedback*, uma retroinformação que provém do professor, dos colegas, do próprio aprendiz e de outros elementos que possam estar participando do processo que cumpre o papel de ajudar o aluno a aprender, bem como motivá-lo a aprender cada vez mais. Por isso mesmo, supera-se o clima de tensão e medo em favor de um ambiente de procura de *feedback* para crescer.

É bom observar: se o processo de avaliação está integrado ao processo de aprendizagem, é coerente que ele esteja subsidiando vários elementos que participam da aprendizagem; o aluno e o professor nos seus desempenhos e o programa ou plano de curso em sua adequação.

O processo de avaliação precisa ser planejado tendo por orientação os objetivos educacionais que se quer alcançar: como professor e alunos saberão se aprenderam aquilo a que se propuseram? Quais atividades e técnicas devem ser organizadas para obter essas informações? Sem dúvida, aqui também o domínio de várias técnicas avaliativas é fundamental, pois, como os objetivos serão de três áreas (conhecimentos, habilidades e atitudes), não é possível que uma única técnica consiga avaliá-los.

Supera-se uma dicotomia bastante tradicional: durante o semestre, ministram-se aulas e em algumas oportunidades aplicam-se provas; sendo a segunda parte mais importante, porque confere notas, enquanto a primeira é uma obrigação maçante e desnecessária.

Nessa proposta, o importante é o encontro entre professor e aluno para aprender; a avaliação existe para garantir melhores condições de aprendizagem.

OUTROS AMBIENTES DE APRENDIZAGEM — OUTRAS FORMAS DE DAR AULA?

Sala de aula é o espaço onde os sujeitos de um processo de aprendizagem (professores e alunos) se encontram para realizar uma série de ações (na verdade, "interações") na busca de seu desenvolvimento pessoal, profissional e como cidadão.

Esse conceito de aula universitária faz que ela transcenda o espaço corriqueiro em que se dá: só na universidade, para projetá-la para todo e qualquer ambiente onde quer que possa haver uma aprendizagem significativa, buscando atingir intencionalmente objetivos definidos para a formação universitária.

Assim, tão importantes para a aprendizagem como a sala de aula — onde se ministram aulas teóricas ou práticas na universidade — são os demais locais onde, por exemplo, se realizam as atividades profissionais daquele estudante: empresas, fábricas, escolas, hospitais, postos de saúde, fóruns, escritórios de advocacia e de administração de empresas, de contabilidade, casas de detenção, partidos políticos, sindicatos, canteiros de obras, plantações, hortas, pomares, instituições públicas e particulares, laboratórios de informática, agências de publicidade, jornais, ambulatórios, bibliotecas, centros de informação e pesquisa, congressos, seminários, simpósios nacionais e internacionais, pois em todos eles se pode aprender significativamente o exercício competente e cidadão de uma profissão.

Os ambientes profissionais são "novos espaços de aulas" muito mais motivadores para os alunos e muito mais instigantes para o exercício da docência porque envolvem a realidade profissional do professor e do aluno. São situações mais complexas e desafiadoras que exigem integração de teoria e prática. Cheias de imprevistos, exigem a inter-relação de disciplinas e especialidades, o desenvolvimento de habilidades profissionais, bem como atitudes de ética, política e cidadania.

Ao lado desses novos espaços profissionais de aprendizagem, surgem outros: trata-se dos *espaços ou ambientes virtuais* criados pela informática e pela telemática.

A oportunidade de alunos e professores, pessoalmente e por interesse e motivação própria, poderem entrar em contato imediato com as mais novas e recentes informações, pesquisas e produções científicas do mundo todo, em todas as áreas, bem como a oportunidade de desenvolver a autoaprendizagem e a interaprendizagem pelos microcomputadores das bibliotecas, das residências, dos escritórios, dos locais de trabalho, faz que tais recursos sejam incorporados ao processo de aprendizagem, uma nova forma de se contatar com a realidade ou fazer simulações facilitadoras de aprendizagem.

Internet para pesquisa, e-mails, fóruns, *chats*, grupos ou listas de discussão, portfólios, sites, vídeo e teleconferências são novos ambientes por onde o aprendiz pode navegar para realizar sua aprendizagem. Tais recursos podem criar ambientes virtuais de apoio aos ambientes presenciais ou ser usados em situações de educação totalmente a distância.

Em ambas as propostas, novas atitudes dos alunos serão necessárias, tais como: iniciativa, participação, criticidade para selecionar o que interessa e tem valor, curiosidade para buscar coisas novas, criatividade para aprender a se comunicar de forma diferente.

Novas atitudes deverão ser desenvolvidas também pelo professor, como:

- dar orientação mais constante e não apenas durante as aulas;
- ter disponibilidade para atendimento;
- dominar os recursos da informática e telemática para poder usá-las com os alunos;
- aprender a se comunicar com seus alunos só por escrito, sem tê-los presentes fisicamente;
- saber orientar atividades e trabalhos a distância;
- realizar a mediação pedagógica a distância;
- planejar um curso com atividades a distância.

Tal planejamento exige mais detalhes e precisão. É impossível improvisar nesse ambiente. Com isso, abre-se um novo espaço de aprendizagem para professores e alunos, o qual é muito rico. Mas é preciso dominá-lo para ser usado como recurso, meio, instrumento tanto para as aprendizagens usuais como para as novas. O que não poderá acontecer, sob pena de se perder essa riqueza, é colocar nas ferramentas da informática e da telemática apenas as aulas tradicionais.

Ao fim deste capítulo, tornou-se evidente o quanto o autor valoriza a aula como ambiente de aprendizagem, mas ao mesmo tempo o quanto ele julga necessário sugerir que seja modificada e alterada para que seja efetivamente um ambiente inovador na vida dos participantes de um processo de aprendizagem, um espaço para novas mediações pedagógicas, de possibilidades de encontros, descobertas, rupturas, revisão de valores, aquisição de competências para o exercício de uma profissão com competência e cidadania, enfim, a possibilidade de afirmação de novos começos e continuidade de outros aspectos. O autor defende AULAS VIVAS.

(8)

Técnicas para o desenvolvimento da aprendizagem em aula[2]

Tendo tratado da aprendizagem como o ponto central em torno do qual deverá gravitar a ação docente, e considerando que os objetivos a serem alcançados deverão permitir o desenvolvimento dos aprendizes nas áreas de conhecimentos, habilidades e de atitudes ou valores, o assunto deste capítulo se reveste de grande importância.

É verdade que muitos dos docentes do ensino superior têm dupla atitude com relação às técnicas: superexigentes no conhecimento, no uso e na atualização de suas técnicas cirúrgicas e

---

2. Importante consultar: "Técnicas diferenciadas colaboram para a aprendizagem na engenharia?" *apud* Masetto (2007).

diagnósticas, de avaliação e planejamento, no uso e domínio de língua estrangeira e de informática, na interpretação dos códigos, nos mais variados tratamentos de saúde, na coleta e interpretação dos dados de qualquer fenômeno social. Quanto à sua ação docente, porém, um descaso total com a tecnologia, acreditando ser suficiente o domínio de um conteúdo para entrar em uma sala de aula e conseguir que os alunos aprendam. Chegam mesmo a apelidar de "perfumaria" qualquer tentativa de trabalhar tecnicamente em educação.

Atualmente, em sua grande maioria, os docentes do ensino superior preocupados em transmitir informações e experiências utilizam-se praticamente de aulas teóricas expositivas e práticas. Nestas, procura-se ou demonstra-se o que se disse na aula teórica ou exige-se que o aluno faça aquilo que foi ensinado na aula expositiva. Muitas vezes, para a aula expositiva são usados alguns recursos audiovisuais, como retroprojetor e transparências (que em geral substituem o quadro-negro), que servem para o professor ler suas anotações.

Ao tratar das técnicas possíveis de ser usadas em aulas para colaborar com a aprendizagem, é preciso, em primeiro lugar, dizer que se entende por "técnica" o sentido que lhe atribui o *Dicionário Larousse Cultural*: o conjunto de recursos e "meios materiais utilizados na confecção de uma arte". Nesse caso, na realização de uma arte que se chama docência. São exemplos de técnicas: recursos audiovisuais, dinâmicas de grupo, aulas expositivas e práticas, uso do quadro-negro, internet, ensino por projetos, leituras, pesquisa, estudos de caso, visitas técnicas e outros.

Dificilmente serão encontrados autores de didática usando os mesmos termos com o mesmo significado em tecnologia educacional. Não há interesse de padronizar os termos e seus significados, mas deixar claro para os leitores o sentido em que se usa cada um deles.

Assim, entende-se que o termo "estratégia" ou "metodologia" refere-se ao conjunto de todos os meios e recursos que o professor pode utilizar em aula para facilitar a aprendizagem dos alunos. Procurando conceituar de maneira mais formal, pode-se dizer que as estratégias para a aprendizagem constituem-se em uma arte de decidir sobre um conjunto de disposições que favoreçam o alcance dos objetivos educacionais pelo aprendiz, desde a organização do espaço sala de aula com suas carteiras até a preparação do material a ser empregado, como recursos audiovisuais, visitas técnicas, internet etc., ou uso de dinâmicas de grupo ou outras atividades individuais.

Já por "técnica" ou "método" entende-se uma atividade que se realiza obedecendo a determinadas regras metodológicas visando alcançar algum objetivo de aprendizagem, como, por exemplo, painel integrado, Grupo de Observação e Grupo de Verbalização (GOGV), aula expositiva, grupos de oposição e outras.

"Recursos" são instrumentos necessários para se realizar as técnicas, como *PowerPoint*, quadro branco e pincéis, transparências, cadeiras em círculo, cartolinas, vídeos, filmes etc.

Essencial no conceito de técnicas e estratégias é a característica de *instrumentalidade*. Todas as técnicas são instrumentos e como tais necessariamente precisam estar adequadas a um objetivo e ser eficientes para ajudar na consecução deste.

Três consequências decorrem imediatamente dessa afirmação:
1. Como no processo de aprendizagem se trabalha com vários objetivos (conhecimento, habilidades e competências, afetivo-emocionais e atitudes ou valores), é lógico que devem ser usadas múltiplas técnicas. Em outras palavras, não é possível querer ajudar os alunos a conseguir tantos objetivos usando

apenas uma ou duas técnicas. Há necessidade do conhecimento das diferentes técnicas que sejam mais adaptadas a este ou àquele objetivo.
2. A segunda consequência é: cada turma de alunos, ou classe, é única. Para o mesmo objetivo, determinada técnica pode ajudar um grupo e não servir para outro pelas mais diferentes razões. Por exemplo, devido ao turno da aula (manhã, tarde ou noite), à composição do grupo, à energia pessoal do próprio professor, ao estado físico ou motivacional do aluno, ao clima estabelecido na classe, a incidentes críticos com determinado grupo, a fatos supervenientes, e assim por diante. Isso alerta para a necessidade de conhecer e dominar várias técnicas que possam ser utilizadas tendo em vista o mesmo objetivo.
3. A necessidade de variar as técnicas no decorrer de um curso, o que se faz oportuno pois são um forte elemento de atuação sobre a motivação dos alunos, assim como a necessidade de propor claramente os objetivos a serem alcançados. Dependendo do que é solicitado ao aluno no decorrer das aulas e de como se planejam as técnicas, eles se sentirão mais ou menos envolvidos, responsáveis, participantes, capazes para aprender. Da própria experiência como alunos, pode-se lembrar de professores que eram excelentes especialistas em seus conteúdos e também capazes de estabelecer um clima de descontração em sala de aula, de diálogo com os alunos, dois fatores altamente favoráveis para uma aprendizagem significativa. Entretanto, talvez desinformados ou não dando valor às estratégias, repetiam uma única maneira de dar aula, do começo ao fim do ano. Dois ou três meses depois, a produção da classe decai, não sendo o desafio unicamente intelectual suficiente para manter os alunos em estado de alerta. É como se a classe começasse a

se sentir "cansada" daquelas aulas, embora sejam reconhecidos sua validade e o bom nível do conteúdo fornecido.

A variação das técnicas permite que se atenda a diferenças individuais existentes na turma de alunos: enquanto uns aprendem mais ouvindo, outros aprendem debatendo, dialogando. Há outros que realizam atividades individuais ou coletivas durante o tempo de aula. Uma única maneira de dar aulas favorecerá e prejudicará sempre os mesmos.

A variação de técnicas favorece o desenvolvimento de diversas facetas dos alunos. Por exemplo, se um curso todo é dado sob forma de aulas expositivas, não aperfeiçoará a habilidade de trabalhar em grupo, se expressar, resolver problemas, apesar de estar desenvolvendo a capacidade de ouvir e receber informações.

Também para o professor, a variação na metodologia traz vantagens: para ele o curso se torna dinâmico, desafiador, na medida em que são exigidas renovação, informação sobre estratégias, flexibilidade, criatividade.

A diferenciação e variedade de técnicas quebram a rotina das aulas e com isto os alunos se sentem mais animados em vir às aulas. Além disso, facilitam a participação e incentivam as atividades dinâmicas durante o período das mesmas aulas, levando os aprendizes a saírem de uma situação passiva de espectadores da ação individual do professor.

Novas técnicas desenvolvem a curiosidade dos alunos e os instigam a buscarem por próprias iniciativas as informações que precisam para resolver problemas ou explicar fenômenos que fazem parte de sua vida profissional.

Diferentes técnicas permitem e exploram o uso de recursos das Tecnologias de Informação e Comunicação que pertencem ao mundo e à vida de nossos alunos: internet, *games* simulando situações profissionais as mais variadas, hipermídia, visitas técnicas profissionais em situações de alto risco, ou de difícil acesso.

Certamente já constatamos o envolvimento dos alunos quando seu desafio é resolver um problema, construir um projeto, produzir um artefato, operar um recurso tecnológico, tudo possível através de novas técnicas de aprendizagem.

Estratégias há que favorecem a aprendizagem colaborativa entre os alunos, atitudes de companheirismo e solidariedade; de apoio mútuo aprendendo uns com os outros, enquanto outras colocam o aluno nos mais diferentes ambientes profissionais e em contato direto com a realidade da profissão, o que é sumamente motivador.

Várias técnicas podem colaborar para facilitar a aprendizagem quando integram a teoria com a prática, em uma linha de exemplificar ou demonstrar os princípios ou em um caminho inverso de pesquisar informações e resolver problemas a partir de situações concretas. (Masetto, 2007, p. 17-18)

A instrumentalidade das técnicas traz consigo uma decorrência: *a relatividade da técnica*. Este também é um ponto muito importante para essa reflexão: se alguns docentes e instituições do ensino superior desqualificam qualquer valor ou relevância para o uso da tecnologia em seus cursos, outros usam dessa tecnologia como chamariz para seus vestibulares, querendo com isso indicar a modernidade ou atualização na formação de seus profissionais. Só tecnologia moderna não resolve os problemas educacionais de aprendizagem e formação. Ela é um instrumento; portanto, se a posição dos professores não for revista quanto aos grandes princípios educacionais e se a formação continuada e em serviço para os professores não for proporcionada, bem como condições adequadas de trabalho, de nada adiantará dispor de alguma tecnologia.

Tecnologia em educação é muito importante desde que venha como instrumento colaborativo das atividades de aprendizagem.

O que se espera do professor com relação às técnicas? Vale a pena refletir, pois muitas pessoas podem vê-lo apenas como aplicador de técnicas.

O professor é um educador e como tal tem clareza dos objetivos educacionais que se pretende atingir com seus alunos. É também o profissional da aprendizagem enquanto se responsabiliza pela gestão das situações da aprendizagem. Assim sendo, no campo das técnicas, espera-se dele atitudes básicas:
- que tenha conhecimento de várias técnicas ou estratégias, bem como o domínio do uso destas para poder utilizá-las em aula;
- que desenvolva capacidade de adaptação das diversas técnicas, modificando-as naquilo que for necessário para que possam ser usadas com aproveitamento pelos alunos individualmente ou em grupos;
- que, pelo conhecimento e domínio prático de muitas técnicas e por sua capacidade de adaptação das técnicas existentes, se torne capaz de criar novas técnicas que melhor respondam às necessidades de seus alunos. Afinal, técnicas são instrumentos e como tais podem ser criadas por aqueles que vão usá-las.

Com isso, espera-se do professor uma atitude mais ativa e de intervenção dinâmica no campo das estratégias. *Mas, afinal, com quais estratégias se pode contar? Para análise e discussão, devem-se organizá-las em três grupos, a seguir.*

TÉCNICAS USADAS EM AMBIENTES PRESENCIAIS E UNIVERSITÁRIOS

COMO INICIAR UMA DISCIPLINA, AQUECER UM GRUPO OU DESBLOQUEÁ-LO?

São várias as técnicas disponíveis para iniciar o aquecimento de um grupo de alunos para trabalhar em aula. Indicam-se alguns exemplos, esperando que os professores possam, com sua prática, enriquecer e ampliar essas sugestões: 1. apresentação simples, 2. apresentação cruzada em duplas, 3. complementação de frases, 4. desenhos em grupos, deslocamento físico, 5. *brainstorming*.

São objetivos dessas técnicas:
- colaborar para que membros de um grupo que vão trabalhar juntos durante certo tempo se conheçam em um clima descontraído;
- preparar uma classe que no início se mostra apática para um relacionamento mais vivo e, portanto, mais favorável à aprendizagem da disciplina (quebrar o gelo);
- expressar expectativas ou problemas que afetam o clima do grupo e o desempenho de seus membros, os quais professor e/ou alunos não percebem claramente ou têm dificuldade de expressar de modo direto, verbalmente;
- produzir grande número de ideias em prazo curto; desenvolver a originalidade e a desinibição;
- quebrar preconceitos entre os membros da classe.

1. Apresentação simples

Organizado o espaço da sala com as cadeiras em círculo, certo membro do grupo apresenta-se oralmente, dizendo algo sobre si nos vários aspectos de sua vida, incluindo o lazer. A apresentação pode ser entremeada com perguntas feitas pelos participantes.

Essa estratégia é mais aconselhável para grupos pequenos, de 20 a 25 pessoas. Além desse número, ela se torna cansativa. Por isso, outra técnica deverá ser escolhida.

2. Apresentação cruzada em duplas

Trata-se de uma variante da técnica anterior. Os participantes se reúnem em duplas durante seis minutos, quando então se apresentam nos mesmos moldes descritos na apresentação simples. Cada um tem três minutos para fazer sua apresentação ao colega e prestar atenção no colega, pois, no momento seguinte, deverá apresentá-lo ao grupo. A apresentação cruzada costuma ser bastante informal, criando momentos jocosos e hilariantes, e de grande aproximação entre o grupo. Esse é, de fato, o objetivo da técnica. Como a anterior, essa técnica é mais aconselhável para grupos de 25 ou, no máximo, 30 pessoas. Além desse número, será preciso escolher outra técnica.

3. Complementação de frases

Por vezes, o professor encontra uma turma muito inibida, com pouca disposição de se comunicar. Nessa condição, uma técnica que pode ajudar o desbloqueio é a complementação de frases. Em que consiste? O professor prepara um cartão para cada aluno, no qual escreve um início de frase, que será completada, livremente. A letra deverá ser legível e a frase, anônima. Em seguida, recolhem-se os cartões e se redistribuem aleatoriamente, de forma que cada aluno, agora, tem uma frase completa que não foi escrita por ele e é convidado a lê-la em público a todos os colegas. A inibição diminui, pois aquela leitura praticamente não compromete o leitor; e com base nela o professor pode fazer outras questões ou outros alunos podem querer ler frases semelhantes. O desbloqueio se inicia.

Exemplos de frases:
- Vim para este curso...;
- Esta disciplina serve para...;
- Nesta disciplina espero aprender...;
- Meus colegas dizem que esta disciplina...;
- Em meus momentos de lazer...;
- Socialmente, eu...;
- Com relação à minha profissão...

Essa técnica pode ser usada com pequenos e grandes grupos, dando a oportunidade a todos de se manifestarem, ouvirem uma grande parte de depoimentos e conhecerem o grupo de modo geral, sobretudo se o professor recolher os cartões e examiná-los posteriormente.

4. Desenhos em grupos

Essa é uma técnica que poderá ser usada com grandes grupos, desde que se tenha espaço físico suficiente. Divide-se a turma em grupos de cinco a sete pessoas no máximo. Dá-se um tema a respeito do qual se pede que os grupos debatam durante 15 minutos, procurando chegar a algumas ideias comuns. Após esse tempo, pede-se que cada grupo procure uma forma de comunicar a toda a turma as conclusões a que chegaram seus integrantes, sem usar a palavra oral ou escrita, ou seja, procure comunicar-se mediante outros recursos, por exemplo: desenho, representação estática ou dinâmica, gestos etc. O professor deverá levar para a sala de aula folhas de papel pardo ou cartolinas, com pincéis atômicos para os desenhos, ou outro material que julgar conveniente, como revistas, fotos etc. para se fazer uma colagem. Dão-se um tempo de mais 15 minutos para a realização dessa atividade.

Certamente, haverá muita reclamação por parte dos alunos que não estão acostumados a esse tipo de comunicação. Alguns dirão não saber fazer a atividade, outros afirmarão "ser coisa de escola fundamental" etc. Deve ser dito a eles que se deseja apenas desenvolver outros tipos de comunicação que, em geral, estão embotados; sugerir que procurem ajuda entre os colegas de outros grupos (não se deve esquecer que o objetivo é a interação grupal) etc.

Encerrado o tempo estipulado, cada grupo é chamado para fazer sua apresentação ou expor seu desenho. Inicialmente, sem manifestação do grupo que está expondo, pergunta-se à classe quais ideias estão sendo apresentadas. Após cerca de dois minutos, dá-se a palavra ao grupo para se explicar. O diálogo aproxima muito os grupos e a turma de diversas formas, e ao professor oferece a oportunidade de conhecer o que seus alunos pensam a respeito do assunto sobre o qual se discutiu.

Ao término da apresentação dos desenhos, o professor fará seus comentários sobre a temática discutida sempre a partir dos desenhos, chamando a atenção para seus aspectos interessantes, e completando com outras informações de modo a concluir o que se pretendia com aquela atividade.

A técnica permite aos alunos do pequeno grupo se entrosar e interagir com a classe como um todo de uma forma, em geral, descontraída. É muito importante que o encaminhamento dado pelo professor a essa atividade esteja explicitamente relacionado com os objetivos de aprendizagem esperados para que os alunos não a vejam apenas como uma "brincadeira" inconsequente durante a aula.

5. Deslocamento físico

Nem sempre os professores se dão conta de que o tempo que os alunos permanecem sentados, levando em consideração o desconforto das carteiras, causa desatenção e apatia durante as aulas. É preciso provocar deslocamentos físicos dos alunos e/ou do professor. Por exemplo, logo no início da aula, solicitar colaboração para arrumar as carteiras em forma de semicírculo, o que favorece muito mais a participação dos alunos nas aulas. Se o professor for dar uma aula expositiva, abrir espaço entre as carteiras para que possa transitar livremente entre os alunos, até o final da sala, e fazer esse deslocamento aproximando-se de todos os alunos e ocupando os espaços da sala de aula diversas vezes durante a exposição. Programar atividades de grupo que obriguem os alunos a mudar de local na sala; lembrar que várias dinâmicas de grupo permitem deslocamentos maiores durante o tempo de aula. Isso poderá ser mais bem percebido adiante, quando as dinâmicas de grupo serão discutidas.

6. *Brainstorming*

Inclui-se nessa categoria a técnica de *brainstorming* (tempestade cerebral) porque, frequentemente, ela permite um desbloqueio, o aquecimento da classe, embora seu principal objetivo seja levar a um desenvolvimento da criatividade, bem como à produção de grande número de ideias em curto prazo de tempo.

Em geral, orienta-se a classe para a atividade que vai acontecer, pedindo aos alunos que, ao ser apresentado o tema ou uma palavra, procurem verbalizar imediatamente, sem preocupação com o certo ou errado, com plena liberdade, sem censura, as associações que lhes vierem à mente. Evitar que se tenha tempo para pensar ou fazer longos raciocínios. Nessa técnica o importante é a manifestação espontânea.

Combinado o procedimento, o professor apresenta um tema ou uma palavra que seja provocadora e instigante, escrevendo-a na lousa. Imediatamente, iniciam-se as verbalizações que o professor vai registrando na lousa, ao redor da palavra ou do tema escrito, sem se preocupar com nenhuma ordem ou organização, e sem fazer nenhum comentário a favor ou contra, evitando inclusive que suas reações às verbalizações sejam percebidas, justamente para incentivar as manifestações sem censura e total liberdade de associação.

Decorridos cerca de dois a três minutos (ou seja, um tempo não muito extenso), o professor encerra as manifestações e, então, com o grupo, começa a organizar as manifestações solicitando agora a participação para, por exemplo, identificar tudo que seja possível acerca do que está registrado na lousa, as ideias mais próximas do tema ou do conceito que a palavra escrita suscita; agrupar as ideias por alguma semelhança; eliminar as que não possam ser colocadas em prática (o critério depende do tema proposto para a atividade). E em um processo contínuo, de preferência com os alunos, o professor vai construindo o conceito ou o tema utilizando as colaborações apresentadas. Poderão surgir ideias que nada tenham que ver com o tema ou a palavra proposta. Será interessante deixá-las por último para que os próprios alunos cheguem a essa conclusão. Se não perceberem, o professor poderá mostrar por que não se incluem essas sugestões no trabalho realizado.

Certa vez, em um curso de formação de professores, cujo tema foi "Avaliação", em geral carregado de ansiedade e experiências negativas, o *brainstorming* foi muito importante para expor as defesas, os sentimentos negativos com relação ao tema, os aspectos pejorativos. Enfim, o lado emocional apareceu e pôde ser trabalhado, permitindo que, em seguida, se iniciasse a discussão do tema com mais tranquilidade, buscando e discutindo novas informações e experiências com maior abertura para aprender.

QUAIS TÉCNICAS SÃO DISPONÍVEIS PARA DAR SUSTENTAÇÃO A UMA DISCIPLINA DURANTE UM SEMESTRE OU UM ANO?

Tratando-se de ambientes presenciais em que a disciplina será ministrada, é preciso distinguir técnicas que poderão ser usadas em ambientes "universitários", ou seja, técnicas que poderão ser usadas em salas de aula, laboratórios, biblioteca, congressos etc., daquelas que poderão ser utilizadas em ambientes "profissionais", isto é, quando a aprendizagem se efetiva em ambientes próprios da atividade profissional para a qual o aluno está se preparando: estágios, visitas técnicas, excursões, prática clínica ou profissional em clínicas, escolas, empresas, escritórios, ambulatórios, postos de saúde, hospitais, fóruns, institutos de pesquisa.

Não se pode esquecer que atualmente os professores dispõem de outro ambiente de aprendizagem, próprio da era tecnológica: o ambiente virtual de aprendizagem. Para esse ambiente também deve-se dispor de técnicas específicas comentadas adiante.

Começa-se com técnicas que, em geral, são usadas em ambientes presenciais.

1. Aula expositiva

Trata-se de uma técnica que a maioria absoluta dos professores do ensino superior usa frequentemente. Como toda e qualquer técnica, sua escolha deverá se orientar pelos critérios básicos de seleção: adequação ao objetivo de aprendizagem pretendido e eficiência para colaborar na consecução deste.

Em geral, os professores a utilizam para transmitir e explicar informações aos alunos. Estes têm uma atitude de ouvir, anotar, por vezes perguntar, mas, em geral, de absorvê-las para reproduzir futuramente. Essa conduta do aluno costuma colocá-lo em uma situação passiva de receber e numa condição que em muito favorece a apatia, a desatenção e o desinteresse pelo assunto.

Por tais razões, vale a pena recordar que a aula expositiva pode responder a três objetivos: abrir um tema de estudo, fazer uma síntese do assunto estudado procurando reunir os pontos mais significativos, e estabelecer comunicações que tragam atualidade ao tema ou explicações necessárias.

Abrir um tema de estudo: por vezes é importante que, ao se iniciar um tema, o professor apresente um cenário bem amplo em que se colocam a importância, a atualidade do estudo a ser feito, bem como suas relações com outros assuntos, matérias do curso, com o exercício profissional. Essa preleção pode servir para motivar os alunos ao estudo do tema, dar vida a um conteúdo que pareça frio e desinteressante e orientar a realização do estudo propriamente dito para o que se utilizará de outras técnicas, por exemplo: atividades de grupo ou individuais, de pesquisa ou de leituras etc.

Fazer uma síntese do assunto estudado. Quando um estudo é realizado por diversos grupos, resultado de contato com especialistas ou com vários aspectos que precisam ser considerados, mas de alguma forma se perderam durante uma discussão ou um debate ou não ficaram suficientemente claros, é interessante dar uma aula expositiva para recuperar esses aspectos de forma sintética. Observe-se, porém, que não se trata de repetir todas as informações estudadas, mas de fazer uma síntese conclusiva sobre o tema. Isso demandará em torno de alguns minutos, será interessante porque os alunos já dominam o assunto, e porque possibilitará ver a síntese feita pelo professor.

Estabelecer comunicações que tragam atualidade ao tema ou explicações necessárias. O professor pode expor recentes descobertas, ou novas teorias, atualizando o conhecimento existente nos livros-texto ou em publicações acessíveis ao aluno. Pela preleção, o professor pode dar ao aluno explicações sobre os pontos complicados, ressaltar os de mais destaque e sintetizar informações de difícil acesso aos alunos, ou colhidas em fontes diversas, tais como pesquisas, jornais, revistas etc.

Por que foi descartada dos objetivos da aula expositiva a transmissão cotidiana e contínua de informações ao aluno? Por uma razão: as informações básicas e fundamentais para a aprendizagem do aluno, em geral, encontram-se em fontes acessíveis a ele: livros-texto, livros e revistas em bibliotecas. Se o aluno for incentivado a buscar as informações, ele conhecerá a biblioteca, aprenderá a fazer uso dela, a pesquisar, o que lhe será útil para o resto de sua vida. Aprenderá, também, a ler e compreender o que os autores escrevem e resolver as dúvidas, ou mesmo a ler livros de sua área, e desenvolverá mais o raciocínio e a capacidade de pensar e trazer sua contribuição. Aprenderá a ser mais ativo em seu processo de aprendizagem e a valorizar mais o encontro com o professor e seus colegas, uma vez que tais encontros se tornarão essenciais para a compreensão total do assunto. Para incentivar o aluno a buscar informações, há que se trabalhar de forma diferente com a leitura fora de aula e usar técnicas dinâmicas em aula, como veremos adiante.

No entanto, quando o professor for usar a aula expositiva como técnica, é preciso que se lembre de algumas medidas indispensáveis para prepará-la e ministrá-la. Na preparação da aula expositiva deve-se:

- ter claro o objetivo da aula, conforme explicado acima;
- planejar a ordem em que fará a explanação a fim de garantir que haja clareza e sequência nas ideias, sem cair em digressões;
- considerar que há limite de tempo, para não cansar os alunos e favorecer a divagação;
- considerar a classe à qual vai se dirigir, escolhendo linguagem, exemplos etc., de acordo com os alunos;
- preparar uma notícia de jornal ou revista atual que poderá usar em determinado momento para chamar a atenção da

turma; um exemplo ou caso bem adaptado ao que expõe; perguntas para formular aos alunos durante a explanação a fim de ativar a sua participação ou atenção; uma piada ou caso hilariante para alegrar e minimizar a tensão durante a fala;
- se for usar *slides* ou transparências, prepará-los apenas com imagens, tabelas, gráficos ou itens indicativo e nunca com textos longos para ser lidos o tempo todo. Quanto a *slides*, calcular muito bem o número a ser utilizado: poucos, bem escolhidos, que ajudem na explicação ou permitam o debate e a discussão. Nunca usar um número excessivo que praticamente substitua a aula expositiva;
- preparar com antecedência os materiais e recursos necessários para a aula e verificar se, no espaço físico onde ela será dada, há condições para o emprego dos recursos. Nada mais frustrante para o professor e para o aluno do que chegar a uma sala com tudo preparado para a aula e o recinto não se mostrar apropriado, até por vezes pela própria iluminação natural que impede o uso de recursos audiovisuais.

Ao se dar aula expositiva propriamente dita, é preciso observar alguns pontos:
- deixar claro para os alunos qual é o objetivo daquela aula;
- procurar ganhar a atenção dos alunos logo de início, mediante a apresentação de um problema, de uma pergunta ou de um desafio;
- considerar o ritmo da classe para tomar notas, refletir sobre o que está ouvindo, fazer perguntas; apresentar os pontos difíceis mais devagar, ou repetindo o mesmo conceito ou ideia sob diferentes formas; e, por vezes, permitir pausas rápidas para uma comunicação entre os próprios alunos;

- dirigir-se pessoalmente aos alunos, pedindo deles um *feedback* sobre a clareza do que está expondo, olhando-os nos olhos um a um. Para isso, locomover-se pela sala, comunicar-se com os alunos;
- utilizar-se livremente de recursos auxiliares à palavra para se fazer entender ou para manter o interesse e a atenção dos alunos, mantendo-os, porém, na categoria de "recursos" e não de elementos principais;
- evitar considerar as distrações dos alunos afronta pessoal ou desrespeito; em vez disso, utilizar esses indícios para reorientar sua própria exposição: é o momento de uma pergunta à classe, de comentar uma notícia de jornal, ou mesmo, de contar uma piada ou de abrir uma janela para conseguir mais ventilação, afinal, a aula expositiva exige do aluno uma posição passiva nem sempre fácil de manter.

2. Debate com a classe toda

O objetivo principal dessa técnica é permitir ao aluno expressar-se em público, apresentando suas ideias, reflexões, experiências e vivências, ouvir os outros; dialogar, respeitar opiniões diferentes da sua; argumentar e defender suas próprias posições. Permitir ao aluno valorizar o trabalho de grupo, percebendo como a discussão entre todos e as experiências de toda a turma são mais ricas do que as de uma só pessoa.

Há alguns pressupostos básicos para o funcionamento dessa técnica:
- o professor deve dominar bem o assunto sobre o qual se dará o debate;
- o tema indicado pelo professor deverá ser preparado pelos participantes do debate com leituras e pesquisas anteriores, trazendo o material preparado para a discussão;

- o professor deverá garantir a participação de todos, evitando o monopólio das intervenções por parte de alguns apenas. Todos deverão ter oportunidade para fazer uso da palavra. O professor precisará se policiar para não interferir a todo instante e nem ser prolixo, mesmo que seja para resolver mais rapidamente a questão apresentada. Esse comportamento pode comprometer os objetivos da própria estratégia.

Como realizar essa técnica? Em data anterior ao debate, o professor escolhe um tema, sugere leituras e bibliografia básica e orienta para que se estude o assunto e se façam anotações.

No dia do debate, o professor ocupará o papel de mediador, expondo o tema, fixando um tempo para a atividade e abrindo a palavra aos participantes. Daí para a frente procurará garantir a palavra a todos para fazer comentários, apresentar questões, levantar dúvidas de compreensão do assunto, formular perguntas, complementar comentários de colegas e assim por diante. O coordenador do grupo estará atento para contornar monopolizações, trazer o grupo de volta ao tema central sempre que houver dispersões, administrar o tempo e orientar para que, ao final do debate, se possa chegar a algumas conclusões para seu fechamento e para as questões não ficarem no ar.

A técnica em geral é bem-sucedida com pequenos grupos. Apresenta maior dificuldade quando realizada com grandes grupos. Nessa situação, sugere-se o emprego de outra técnica, como o painel integrado, explicitado adiante.

3. Estudo de caso

Essa técnica visa colocar o aluno em contato com uma situação profissional real ou simulada. Real, quando o professor toma uma situação profissional existente e a apresenta aos alunos para ser encaminhada com soluções adequadas. Simulada, quando o professor, tendo por objetivo a aprendizagem de determinados conceitos, teorias, habilidades ou valores, "compõe" uma situação simulada com vários aspectos reais.

Atualmente, encontram-se estudos de caso ou *cases*, como costumam ser denominados em quase todas as áreas de conhecimento, e muitos deles já estão em sites ou em outros programas de computação (por exemplo, jogos de empresa), permitindo um debate com a própria máquina para a sua solução.

Qual é o objetivo dessa técnica? O que ela ajuda a aprender?

- entrar em contato com uma situação real ou simulada de sua profissão, buscando uma solução para o problema;
- fazer uma análise diagnóstica da situação, levando em conta as variáveis componentes;
- buscar informações necessárias para o encaminhamento da situação-problema;
- aplicar as informações à situação real, integrando teoria e prática;
- ser capaz de aprender a trabalhar em equipe, se a técnica, a juízo do professor, incluir a possibilidade de discussão entre os colegas na busca de solução;
- desenvolver a capacidade de analisar problemas e encaminhar soluções, e preparar-se para enfrentar situações reais e complexas, mediante a aprendizagem em ambiente não ameaçador (sala de aula).

Como usar essa técnica? Ela pode ser usada após o estudo de um conteúdo, como aplicação prática da teoria estudada, e então o aluno já dispõe das informações básicas para resolver o caso. Pode também ser empregada como elemento motivador para aprendizagem, e então o caso será apresentado antes dos estudos teóricos, incentivando o aluno a buscar as informações necessárias para a solução do problema na bibliografia de que dispõe, em discussão em duplas ou trios com os colegas, usando as mesmas fontes, ou solicitando auxílio do professor quando absolutamente necessário.

O autor deste livro conheceu a experiência de um professor de contabilidade que organizou todo o conteúdo de um bimestre em um estudo de caso simulado para ser resolvido, no qual havia situações conhecidas e desconhecidas dos alunos. As questões conhecidas permitiram revisão de matéria; as desconhecidas motivaram os alunos a aprender trabalhando em aula e fora dela. O assunto novo era por demais árido e difícil, mas a experiência foi um sucesso de aprendizagem segundo o depoimento do professor.

Em qualquer das duas hipóteses (usar o estudo de caso como prática do que foi estudado ou como motivador para a aprendizagem), pode-se trabalhar com um único caso ou com casos diferentes. Sempre será interessante um plenário para se discutirem as soluções encontradas visando ao enriquecimento do grupo porque é possível que as soluções sejam diferentes, porque os processos de solução podem ser variados, ou porque, se forem casos diferentes, a abrangência da experiência será bem maior.

4. Ensino com pesquisa

Trata-se atualmente de uma estratégia fundamental para a melhoria da qualidade dos cursos de graduação, aceita e defendida por todas as instituições de ensino superior. É a pesquisa se iniciando já na formação dos profissionais contemporâneos. Além disso, é uma técnica que permite o desenvolvimento de várias aprendizagens, tais como:
- tomar iniciativa na busca de informações, dados e materiais necessários para o estudo;
- entrar em contato com as mais diferentes fontes de informação (livros, revistas, periódicos, anais de congressos, músicas, fotos

etc.) e com os mais diversos ambientes informativos (bibliotecas, internet, sites etc.), com especialistas de seu curso e de outras instituições mediante entrevistas, e-mails etc.;
- selecionar, organizar, comparar, analisar, correlacionar dados e informações;
- fazer inferências segundo dados e informações, levantar hipóteses, checá-las, comprová-las, reformulá-las e tirar conclusões;
- elaborar um relatório com características científicas;
- comunicar os resultados obtidos com clareza, ordem, precisão científica, oralmente ou por escrito.

Essa é uma estratégia que pode ser usada uma vez no semestre ou duas no ano, dado o tempo que ela consome. Tempo esse que será em pequena parte dos momentos das aulas e em grande parte de momentos extraclasse. É preciso, também, ficar claro que a técnica só pode ser levada a efeito se o professor estiver disposto a orientar seus alunos nessa atividade. Não será suficiente "mandar os alunos fazer pesquisa". Será necessário instruir como se faz uma pesquisa e acompanhar sua realização.

Quais são as etapas dessa estratégia?
- Motivar os alunos a participar da atividade, discutindo com eles no que consiste a pesquisa, a riqueza de aprendizagem que encerra, sua validade, a importância e como se relaciona com a aprendizagem que se está desenvolvendo naquela disciplina e naquele semestre.
- Discutir os critérios para a escolha do assunto ou da situação a ser pesquisada, lembrando que a pesquisa pode ser bibliográfica, de campo, ou incluindo ambos os aspectos.
- Dividir a turma em pequenos grupos, ficando cada um com um aspecto do assunto a ser pesquisado ou com um tema próprio.

- Comunicar os resultados a toda a classe e discuti-los em seguida. Sugere-se que essa comunicação seja dinâmica, usando pôsteres, PowerPoint, cartazes ou outras formas que incentivem a participação de todos os alunos.
- Apresentar e discutir com os alunos o que vêm a ser um plano de pesquisa, seus elementos e sua organização:
  - definição precisa de um problema;
  - metodologia de pesquisa, ou seja, com que método vai trabalhar para coletar informações necessárias para responder ao problema, como vai organizá-las e interpretá-las;
  - bibliografia a ser consultada;
  - escolha de procedimentos a serem usados;
  - coleta de dados e sua respectiva análise;
  - realizar a conclusão, respondendo às hipóteses;
  - elaboração do relatório científico.

Duas questões sempre aparecem quando esse assunto é discutido: haverá tempo suficiente para fazer um trabalho como esse? Qual será o comportamento do professor durante a atividade?

Tempo para essa atividade: de dois a dois meses e meio. Grande parte dele fora de sala de aula, paralelamente às outras atividades do semestre. O tempo de aula será usado algumas vezes para orientar o trabalho de pesquisa e para a comunicação final.

A outra questão apresenta-se muito mais séria: a postura do professor será a de um orientador de pesquisa. Em princípio, os alunos não sabem pesquisar. O professor deverá orientá-los e, de tempos em tempos, reunir-se com o grupo para acompanhar o desempenho deles na pesquisa. Quando? Ora se marca uma orientação durante o intervalo do cafezinho, ora no final de uma aula, ora se destina o tempo de uma aula para orientação de todos os grupos. E nessa orientação o que é feito? Observa-se se todos estão pesquisando, os fichamentos do material lido, relatórios de discussão do grupo, se o plano de pesquisa estabelecido está sendo cumprido, se estão no caminho correto ou desviando-se muito do tema da pesquisa. O professor procurará sempre orientar para o objetivo daquela pesquisa e analisar com eles o tempo que vem sendo empregado. É necessário também instruir sobre a elaboração do relatório final, lembrando que há várias publicações, com linguajar adaptado aos alunos, que dão indicações detalhadas sobre como realizar trabalhos desse tipo.

5. Ensino por projetos

Essa técnica apresenta um aspecto diferente das que a precederam. No estudo de caso, o aluno aprende a resolver problemas; no ensino com pesquisa aprende a pesquisar, elaborar relatórios científicos, debater com colegas os resultados obtidos nas várias pesquisas. Um dos objetivos do ensino por projetos é criar condições para que o aluno aprenda a propor o encaminhamento e desenvolvimento de determinada situação partindo de uma análise diagnóstica; indicando os fins a serem atingidos (situação ideal futura), as etapas de realização do projeto (para cada uma delas estabelecendo metas parciais), o tempo, os participantes, as ações, as responsabilidades, os recursos, as estratégias; organizando um sistema de acompanhamento de avaliação e *feedback* de forma que a realização e integração das várias etapas apresentem o projeto concluído.

Outro objetivo é ajudar o aluno a relacionar a teoria com a prática, relacionar as disciplinas entre si encaminhando para uma atitude interdisciplinar e para um exercício de integração dos conhecimentos de diferentes áreas.

Desenvolver atitude prospectiva e habilidade de planejamento diante de uma situação também faz parte dos objetivos. Trata-se de uma estratégia de alto alcance no que diz respeito às aprendizagens profissionais. É evidente que o projeto proposto poderá ser mais simples ou mais complexo. Poderá envolver só uma disciplina ou integrar várias delas em sua realização, propiciando uma experiência integrativa de conhecimento e uma experiência de interdisciplinaridade. Aliás, esta última forma de realizá-los é mais condizente com a realidade profissional, que é profundamente interdisciplinar.

O encaminhamento dessa técnica é muito parecido com o procedimento da técnica "Ensino com pesquisa". O professor poderá solicitar que cada aluno (se o projeto for individual) ou grupo escolha um projeto que seja de seu interesse. Discutirá com o aluno/grupo os passos para a realização do projeto e acompanhará a elaboração deste de forma contínua, evitando vir a tomar conhecimento do resultado apenas no final do tempo estabelecido para tal, perdendo assim a possibilidade de ajudar o aluno a aprender mediante a elaboração de um projeto. A finalização dessa atividade deverá contar com a apresentação dos projetos a toda a turma, com debate sobre cada um deles, para que todos possam aproveitar dos trabalhos realizados por grupo ou aluno e desenvolver assim suas aprendizagens. A apresentação também é um momento de aprendizagem e não apenas um encerramento de trabalhos.

6. Desempenho de papéis (dramatização)

Considere alguns exemplos: alunos do curso de medicina participam de uma situação simulada de entrevista com um paciente na qual um deles faz o papel de doente, um de médico e o outro de observador; um grupo de alunos do curso de direito participa de um júri em que um exerce o papel de advogado de defesa, outro de promotor, outro de réu, outro de juiz, outros de júri; alunos do curso de pedagogia ou licenciatura participam de uma reunião em uma escola para definir o planejamento do ano na qual representa o diretor, outro o de professor, outro o de servente, outro o de bedel, outro o de supervisor, outro o de secretário, outro um pai de aluno, outro um aluno; alunos do curso de odontologia participam de uma equipe de consultório em que um faz o papel de secretária, outro de paciente, um terceiro de auxiliar, outro de cirurgião-dentista-chefe, outro de protético; alunos do curso de economia e administração formam uma equipe para discutir os novos rumos de uma empresa na qual um é o dono, outro é o contador, um responde pelas finanças, outro pela matéria-prima, outro pelo marketing, outro pela pesquisa de mercado, outro pelo contato com os clientes; e assim por diante.

Esses exemplos mostram como alunos podem aprender desempenhando papéis próprios de suas realidades profissionais. Cria-se uma situação-problema, organiza-se uma equipe com membros diferenciados e pede-se a todos, cada um defendendo seu papel, que dialoguem com os outros para resolver o problema apresentado.

Para que a aprendizagem aconteça é fundamental que cada elemento assuma integralmente seu papel, isto é, comporte-se como tal, defenda as posições próprias daquele papel, procure ter as reações e atitudes características daquele personagem.

São objetivos dessa técnica que seus participantes desenvolvam a empatia (capacidade de se colocar no lugar do outro, o que é fundamental para nossas atividades profissionais), a capacidade de desempenhar papéis de outros e de analisar situações de conflito segundo não só o próprio ponto de vista, mas também o de outras pessoas envolvidas. Além disso, espera-se que possam trabalhar com valores como desenvolvimento pessoal, aquisição de habilidades de relacionamento interpessoal, consciência de si, independência social, sensibilidade a situações grupais.

Essa é uma técnica mais voltada para o desenvolvimento de habilidades e atitudes dos alunos, embora trabalhe conteúdos que já foram ou estão sendo estudados no momento.

Essa estratégia em muito incentiva a participação dos alunos e permite avaliar de que modo ele se comporta, na prática, como profissional diante das questões colocadas.

7. Dinâmicas de grupo

Ao analisar a utilização de estratégias envolvendo um grupo de alunos, seja pequeno ou grande, o primeiro aspecto a que é preciso estar atento é o fato de se tratar de técnicas coletivas, isto é, elas deverão trazer algumas vantagens diferentes das técnicas usadas para aprendizagens individuais e colaborar para outras aprendizagens que não serão capazes de obter apenas individualmente.

Que *objetivos* podem ser desenvolvidos?

a. *A capacidade de estudar um problema em equipe*, trazendo sua colaboração, ouvindo as contribuições dos colegas, debatendo e discutindo os vários aspectos do tema, relacionando-os com seus conhecimentos e suas experiências, ampliando seu universo intelectual de forma que, ao término do trabalho em grupo, cada participante possa ter avançado e aprendido mais sobre o tema em pauta do que se tivesse estudado sozinho.

b. *A capacidade de discutir e debater, superando a simples justaposição de ideias.* Com efeito, para que cada um exponha suas ideias a outros e depois se faça uma síntese dessas contribuições não há necessidade de dinâmica de grupo. É só solicitar que cada um coloque em uma folha de papel suas ideias para que depois sejam reunidas em um texto comum. Portanto, para haver um trabalho de grupo é fundamental a discussão, o debate, e chegar-se a um ponto mais avançado e significativo da aprendizagem, para além daquele aonde se chegaria sozinho.

c. *Aprofundar a discussão de um tema, chegando a conclusões.* Para isso, supõe-se sempre uma preparação prévia de estudo individual sobre o tema a ser discutido. Se, de um lado, as experiências e os conhecimentos prévios dos alunos sobre o assunto são interessantes para o debate, uma preparação imediata com leituras indicadas pelo professor ou sugeridas pelo aluno com aprovação daquele é fundamental para o êxito da dinâmica de grupo. A ausência dessa preparação faz que o encontro dos grupos, por vezes, se transforme em um bate-papo sem interesse e sem perspectiva de maiores aprendizagens. Pela mesma razão é desaconselhável permitir ao aluno que não preparou o material participar da atividade de grupo. Ele poderá se aproveitar das contribuições dos outros, mas não dará a sua própria colaboração e, em geral, atua mais no sentido de dispersão do grupo. A sugestão, se o aluno não preparou o material proposto, é no sentido de que o faça, em particular, durante a atividade de grupo, a fim de se encontrar apto para aproveitar a continuidade das atividades.

d. *Aumentar a flexibilidade mental mediante o reconhecimento da diversidade de interpretações sobre o mesmo assunto.*

e. *Ter oportunidade de desenvolver sua participação em grupos, sua verbalização, seu relacionamento em equipe e sua capacidade de observação e crítica do desempenho grupal.*

f. *Confiar na possibilidade de aprender também com os colegas (além do professor) e valorizar os feedbacks que eles podem lhe oferecer para a aprendizagem.*

g. *Valorizar o trabalho em equipe, atualmente uma das exigências para a atividade de qualquer profissional.*

Antes de listar algumas dinâmicas de grupo, acredita-se ser importante fazer ainda uma consideração: na maioria das vezes os professores "mandam" que os alunos façam uma atividade em grupo. Isso aconteceu no ensino fundamental, no ensino médio e se repete no ensino superior. Em nenhum desses momentos houve preocupação de que os alunos aprendessem a trabalhar em grupo, não lhes foi ensinado um conjunto mínimo de regras necessárias para que um grupo possa funcionar bem. Quando as atividades grupais não saem a contento do professor, este é o primeiro a dizer: "É, trabalho em grupo não adianta mesmo. O melhor é dar aula expositiva!"

Há vasta literatura sobre dinâmicas de grupo com algumas normas para realizar bem a atividade grupal. Vale a pena, nesse espaço, considerar ao menos algumas das regras básicas para o bom funcionamento de um grupo:

Que todos os participantes tenham muita clareza sobre qual é o objetivo daquela atividade em grupo: onde se pretende chegar? Para garantir tal clareza, sugere-se que alguém do grupo verbalize o objetivo e ele seja discutido até que se chegue a um consenso. Se houver muita dificuldade, o professor deve ser chamado para explicar melhor o objetivo. Esse ponto é fundamental para evitar a dispersão e o fato de cada aluno apresentar suas contribuições em um sentido diferente do outro.

Que se distribuam funções entre os participantes:
- *um coordenador* que esteja atento para que todos possam se manifestar e a palavra não seja monopolizada por um ou alguns dos membros do grupo, administre o tempo dado para evitar que este se esgote e o grupo não chegue ao objetivo esperado, quando necessário corte a palavra de alguém, estimule a participação, evite repetições, empreste dinamismo à discussão. Sua

função não é responder às questões ou dar as respostas esperadas, embora também possa e deva participar como outro membro qualquer do grupo;
- *um relator* que anote as manifestações dos participantes, alerte sobre as repetições, organize as ideias e primeiras conclusões de tal forma que facilite a elaboração de um relatório final;
- *um cronometrista* que acompanhe o tempo para a atividade, não permitindo que a tarefa fique inconclusa por distração quanto ao tempo.

Que cada participante do grupo se disponha a ouvir seu companheiro de tal modo que suas contribuições sempre deem continuidade ao que já se expôs, procurando levar o assunto adiante e não tomar uma atitude de repetição do que já foi discutido anteriormente.

Que a discussão do grupo em suas ideias principais e nas suas conclusões de grupo seja registrada em um relatório por escrito ou em outra forma. Com efeito, esse relatório é a materialização dos resultados obtidos e dos avanços do grupo na discussão proposta. Quando ele não é feito, ou "não é solicitado pelo professor", as ideias, discussões e conclusões ficam soltas no ar, o que dificulta perceber se o objetivo do grupo foi alcançado e até onde se avançou. O grupo, o professor e os colegas dos outros grupos ficam sem esse *feedback*, o que impede o professor de avaliar a aprendizagem.

Em qualquer dinâmica de grupo, se forem observadas e colocadas em prática ao menos essas poucas regras, se perceberá que o trabalho de grupo pode ser muito eficiente e eficaz e ajudar de modo significativo a aprendizagem, a ponto de os alunos se motivarem a se preparar anteriormente para não perdê-las. É o que diz a experiência de mais de 30 anos de docência no ensino superior que o autor deste livro tem.

Alguns exemplos de dinâmicas de grupo devem ser considerados:

Pequenos grupos com uma só tarefa

Divide-se a classe em pequenos grupos e se atribui a cada um a mesma tarefa, por exemplo, responder a uma ou duas questões sobre um texto lido apresentadas pelo professor; estudar o mesmo caso e dar-lhe uma solução; fazer uma síntese de um mesmo texto, e assim por diante. Trata-se de uma forma bem simples de começar a desenvolver com a classe a habilidade de trabalhar em equipe. Em geral, fecha-se a atividade com a apresentação em plenário das tarefas realizadas por todos os grupos, com base nas quais os próprios alunos e o professor fazem comentários que completam as respostas, corrigem-nas ou ampliam-nas.

Uma forma simples, mas dinâmica, é solicitar que no decorrer da aula leia-se um texto e formem-se duplas. A cada uma o professor entrega uma pergunta a ser respondida em, por exemplo, dez minutos. Findo o tempo, o professor pede que cada dupla leia a sua pergunta e responda-a. Em seguida, ele pode abrir para comentários do grupo todo, inclusive para sua participação. Poderá fazer *link* com outras perguntas que virão, pedir que quem tem questão próxima ou parecida se apresente para lê-la com a devida resposta, e assim por diante. Ao final de todas as respostas, a turma terá estudado o assunto de modo mais proveitoso do que se apenas ouvisse o professor falar sobre ele.

Pequenos grupos com tarefas diversas

A turma é dividida em pequenos grupos, sendo que cada um realizará uma atividade diferente. Em geral, as tarefas se completam ou se contradizem, entrando em conflito e exigindo um debate posterior em seu fechamento. Por exemplo, sobre um assunto qualquer o professor apresenta dois ou três artigos ou autores com pensamentos diferentes e pede a um grupo que resuma os pontos teóricos centrais de cada autor ou de cada teoria; a outro grupo pedirá que levante experiências concretas referentes ao tema em discussão; a um terceiro, que entreviste especialistas sobre o assunto; a um quarto que apresente a solução de um caso fundamentando-se nas teorias estudadas. O fechamento dessa técnica deverá trazer a plenário os diversos aspectos que, debatidos, integrarão a compreensão do assunto e enriquecerão as experiências dos alunos, facilitando um encaminhamento para aplicações concretas.

Painel integrado ou grupos com integração horizontal e vertical
Trata-se de uma técnica que favorece em muito a participação dos alunos. Ela se realiza em três momentos. No primeiro, divide-se a classe em grupos de cinco ou no máximo seis elementos. Indicam-se a tarefa a ser realizada e o tempo que poderá ser gasto para tanto. Por exemplo, cada grupo deverá ter lido e discutirá um capítulo de um livro. O resultado da discussão deverá ser anotado por todos, e distribui-se entre os membros do grupo um número de 1 a 5 ou 1 a 6.

No segundo momento, reúnem-se os números 1 de todos os grupos, os números 2, 3, 4, 5 e 6, formando-se agora novos grupos que realizarão duas outras atividades: trocar informações relatando o que aconteceu no primeiro grupo e fazer nova discussão. A troca de informações é garantida pela presença de um componente que participou da discussão do primeiro momento e trouxe para este grupo as conclusões já anotadas. As conclusões serão explicadas e discutidas, podendo até ser modificadas pelo novo grupo à luz das outras questões que lhe serão trazidas.

A nova discussão acontecerá mediante uma nova questão apresentada pelo professor, ou como resultado dos debates sobre as questões já estudadas. Normalmente, o professor sugere um ponto mais amplo que possa englobar as várias discussões e leve o assunto para um âmbito mais geral.

O terceiro momento será o do professor. Com efeito, durante o segundo momento, o professor se colocará em algum dos grupos reunidos e ouvirá, sem participar da discussão, a contribuição de cada um dos grupos anteriores para esse novo grupo. Dessa forma ele se informará sobre o que está sendo trabalhado em todos os grupos. De posse dessa informação, o professor decidirá se deve intervir e como fazê-lo: corrigindo alguma informação incorreta, sublinhando outras, ampliando terceiras, debatendo pontos que ficaram obscuros.

Para o bom funcionamento da técnica é importante que o professor tome alguns cuidados de organização: uma previsão adequada e um controle rígido do tempo de cada momento, que o tipo de discussão a ser realizado possa ser acompanhado igualmente por todos, que cada participante saia do primeiro grupo com anotações sobre as conclusões que deverá levar para o segundo grupo, uma vez que não se pode confiar apenas na memória. Aliás, o papel de levar informações corretas de um grupo para outro manifesta a responsabilidade do aluno para com o grupo.

Essa estratégia apresenta algumas vantagens: exige a participação de todos, pessoal e grupal, e desenvolve a responsabilidade pelo próprio processo de aprendizagem e do colega. É uma técnica que pode ser usada com classes pequenas ou numerosas: sempre serão cinco ou seis alunos trabalhando em grupo. O professor, acompanhando qualquer grupo do segundo momento, saberá o que está sendo informado em todos os outros e poderá completar, corrigir ou aperfeiçoar; é uma forma natural de quebrar "as panelas" existentes nas turmas, levando aleatoriamente os alunos a se encontrar com colegas com quem até esse instante não haviam trabalhado e nem conheciam. Quanto ao desenvolvimento do conhecimento, essa técnica cria oportunidade para que o assunto escolhido seja estudado de oito a nove vezes, e sempre em pequenos grupos, o que permite e incentiva a participação de todos os alunos.

Grupo de verbalização e grupo de observação (GVGO)

É uma técnica que permite o desenvolvimento de várias habilidades, como: verbalizar, ouvir, observar, dialogar, trabalhar em grupo. Seu funcionamento exige que se formem dois círculos concêntricos: um menor, no centro, com no máximo cinco pessoas; outro maior (o restante do grupo), circundando o primeiro. É uma técnica que pode ser mais bem usada com grupos de até 35 pessoas.

Convidam-se cinco voluntários para participar da atividade, que se sentam no círculo do centro. A eles será dado um tema para discussão que poderá basear-se em texto indicado previamente para leitura, ou em experiências próprias. Terão 15 minutos para fazer a discussão e fechá-la, e durante esse tempo somente os cinco poderão verbalizar. Ninguém poderá intervir no debate. Deverão falar em voz bem alta para que todos ouçam. Caso terminem a discussão antes dos 15 minutos, avisarão ao professor.

Antes de começar a atividade de grupo, o professor orientará o grupo observador sobre o que deverá observar, o que depende do objetivo da estratégia. Poderá ser em relação a um conteúdo que está sendo discutido, a experiências pessoais que estão sendo trazidas ou a variáveis de funcionamento do próprio grupo. Poderão todos observar os mesmos aspectos ou dividir aspectos a serem observados por pequenos grupos de cinco ou seis alunos que estão no grupo de observação.

Exemplos de aspectos a serem observados:

- o grupo verbalizador está usando todos os conceitos do texto lido;
- há emprego adequado dos conceitos;
- o grupo relaciona os novos conceitos com conceitos já aprendidos;
- as experiências são semelhantes ou não;
- todos os participantes têm oportunidade de falar;
- o grupo procura se organizar em relação à tarefa solicitada;
- o grupo segue as mínimas regras de funcionamento etc.

Passados os 15 minutos, o grupo de verbalização passa a ser um grupo de observação e o grupo de observação passa a ser um grupo de verbalização. Inicialmente, somente o último grupo pode verbalizar, apresentando as diferentes observações feitas; depois, o professor pode abrir para um diálogo entre os dois grupos sobre as observações feitas.

Em seguida, pode-se repetir na mesma aula ou em outra a mesma técnica GVGO com outros elementos para verificar se a aprendizagem das habilidades esperadas foi também alcançada por outros.

Diálogos sucessivos

Essa técnica é mais apropriada para compreender, fixar e relacionar conceitos; explicitar características de uma teoria; discutir etapas de um projeto, passos de uma pesquisa, cenas de um filme, aspectos de um vídeo, e assim por diante.

Como funciona? Organiza-se a classe em dois círculos concêntricos: metade dos alunos na parte de fora; outra metade, na parte interna voltados uns para os outros (de frente um para o outro) formando pares. Dado um tema, os elementos de fora e de dentro têm aspectos diferentes sobre os quais vão dialogar por um espaço de três a quatro minutos. Terminado esse tempo, os elementos de dentro do círculo giram no sentido anti-horário e se encontram com um segundo elemento. Os elementos do lado de fora permanecem em seus lugares. No segundo encontro cada um expõe ao outro o seu aspecto do tema e o aspecto que ouviu de seu par no momento anterior, e ouve o aspecto de seu novo parceiro e o que ele ouviu de seu par anterior. E assim por diante, por umas três ou quatro vezes.

O movimento leva ao conhecimento cumulativo e/ou a formas de expressar a mesma ideia. Talvez seja necessário um exemplo para explicar melhor esta técnica. Supondo-se que o tema fosse o processo de aprendizagem. Quais elementos precisariam ser bem compreendidos e fixados? Conceitos de aprendizagem, de ensino, aprendizagem significativa, aprendizagem continuada, aprendizagem de adultos, papel do professor. Esses assuntos já foram abordados, mas se quer fixá-los. Então, distribuem-se os conceitos aos alunos dos círculos e cada um falará sucintamente de seu conceito para outro colega. E o giro dos círculos se inicia para que todos trabalhem com os aspectos de forma cumulativa.

É uma técnica que pode funcionar com turmas grandes e pequenas pois os participantes dialogarão, no máximo, com quatro ou cinco colegas e cumulativamente poderão estar ouvindo até oito ou nove colegas sobre o tema.

Grupos de oposição

Essa técnica em especial é apropriada para desenvolver a capacidade de argumentar, debater e produzir argumentos; analisar e avaliar argumentação; contrapropor argumentos; defender ou atacar determinadas posições e teorias, sempre se baseando em argumentos.

Seu funcionamento supõe a organização de pelo menos dois grupos de alunos. Um deles tem por tarefa defender uma ideia ou encontrar as suas vantagens, enquanto o outro deverá atacá-la ou mostrar suas desvantagens. Eventualmente poderá se constituir um terceiro pequeno grupo que funcione como um grupo de juízes para julgar qual grupo conseguiu desempenhar melhor seu papel.

O assunto indicado anteriormente foi estudado por todos individualmente. Em um primeiro momento, em aula, cada grupo se reúne para organizar seus argumentos de acordo com a tarefa que lhe cabe. Marca-se um tempo para essa atividade: 20 a 30 minutos. Terminado o prazo, o professor pede que os dois ou três grupos se coloquem na sala de tal forma que todos vejam a todos, todos possam se olhar. O professor ocupa o lugar do mediador. Inicia o debate dando a palavra a um dos grupos e a partir desse momento vale o diálogo entre os grupos. O professor não deverá entrar na discussão do tema, exceto para dinamizar ou organizar a discussão quando necessário. Durante o debate, ele poderá inverter as posições dos grupos. Visando desenvolver uma agilidade maior de argumentação, poderá pedir ao grupo que ataca uma posição que passe a defendê-la; e ao que a defende, passe a atacá-la. A intenção é ver como os alunos reagem em posições inversas.

Com essa técnica, o professor lida com a competição entre grupos de classe. Será preciso, então, refletir se isso será ou não prejudicial para a dinâmica da turma, tendo em vista manter um clima de abertura e de cooperação dentro dela.

Pequenos grupos para formular questões

Essa é uma das técnicas mais dinâmicas para ser usada em aula, agregando em si a possibilidade de desenvolver vários aspectos de aprendizagem: aprofundamento de conhecimentos, compreensão do assunto, habilidade de trabalhar em grupo, ouvir, dialogar e aprender com colegas.

Como funciona? Uma semana antes, indica-se um texto a ser lido para o próximo encontro sobre um assunto que se está estudando. A leitura, porém, deverá permitir que cada aluno traga para a aula duas ou três perguntas inteligentes, isto é, perguntas que revelem dúvidas ou falta de compreensão do texto, aspectos importantes que se gostaria de ver estudados com mais profundidade, temas de grande atualidade. É evidente que não serão aceitas perguntas que se retirem diretamente do texto e cujas respostas aí se encontrem com facilidade.

No dia da aula, formam-se grupos com cinco alunos cada um. Durante 15 minutos, o grupo deverá ler, compreender as dez ou no máximo 15 perguntas e selecionar duas. Estas duas poderão estar dentre as dez ou quinze, ou poderão ser duas novas formuladas pelo grupo usando sugestões das perguntas que trouxeram de casa. Essas perguntas deverão ser escritas em uma folha de papel sulfite, com letra legível e com o nome do grupo que as formulou.

Inicia-se uma de várias rodadas: o grupo que formulou as duas perguntas, sem as responder, passa-as para o grupo mais próximo, e assim os demais grupos. Dá-se um tempo de 15 minutos para que o grupo responda por escrito às duas perguntas que recebeu. Em seguida, as perguntas respondidas são passadas para outro grupo. Este terá dez minutos para ler e entender as perguntas, ler as respostas que o primeiro grupo deu e redigir agora sua resposta que poderá concordar com a resposta do primeiro grupo, complementá-la, ou corrigi-la. Tudo isso sem rabiscar a resposta do primeiro grupo, mas escrevendo na mesma folha, em seguida. Passa-se para um terceiro e, no máximo, para um quarto grupo que farão o mesmo trabalho, dentro do mesmo tempo. Terminada a rodada, a folha com as perguntas e as respostas dos três ou quatro grupos é devolvida ao grupo original que as formulou. Este vai agora analisar as respostas dos grupos e, então, redigir a sua, que poderá também concordar ou não com as respostas. Por último, em plenário, cada grupo lê as perguntas e as respostas, permitindo o debate, esclarecimentos possíveis, complementações e até um comentário do professor sobre a pertinência das perguntas: foram elas de fato inteligentes? Representaram os aspectos mais importantes do texto e do tema? Se não, caberá ao professor então mostrar os pontos não trabalhados.

Seminário

Essa é uma técnica das mais comuns no vocabulário de professores de ensino superior ou de alunos. Dá-se essa denominação até a resumo de capítulos de livro feito pelos alunos e apresentado a seus colegas em aula, enquanto, muitas vezes, o professor apenas assiste sem interferir. Claro que não é um seminário nem arremedo de seminário.

O seminário (cuja etimologia está ligada a sêmen, sementeira, vida nova, ideias novas) é uma técnica riquíssima de aprendizagem que permite ao aluno desenvolver sua capacidade de pesquisa, de produção de conhecimento, de comunicação, de organização e fundamentação de ideias, de elaboração de relatório de pesquisa, de fazer inferências e produzir conhecimento em equipe, de forma coletiva. Ele envolve professor (professores) e alunos em um trabalho de pesquisa por dois ou três meses.

Como funciona? Em duas partes. A primeira delas corresponde ao *ensino com pesquisa* que já foi descrito, ou seja: no primeiro momento, usa-se a técnica do ensino com pesquisa até a comunicação final dos resultados de cada grupo.

Na segunda parte os assuntos de pesquisa que foram distribuídos pelos diferentes grupos guardam entre si uma relação de complementação, ou de crítica, que não aparece à primeira vista. O professor, então, estabelece um tema para o seminário que diretamente não foi pesquisado por nenhum grupo, mas para cujo debate encontram-se ideias e informações nos vários grupos de pesquisa. Orienta os diferentes grupos informando que não se trata de uma atividade em que cada um vai apresentar um resumo de sua pesquisa, mas de retirar das pesquisas os elementos necessários para a discussão do novo tema. E, portanto, os diferentes grupos deveriam se preparar para isso. Marca-se o dia do seminário.

Por ocasião da realização do seminário, o professor escolhe aleatoriamente um elemento de cada grupo de pesquisa formando com eles uma mesa-redonda. Os demais assistirão ao debate, podendo participar pedindo a palavra ao coordenador. Aberta a discussão, cada participante exporá os dados e as informações que sua pesquisa oferece para o desenvolvimento daquele tema. O debate se instalará, o professor mediará, inclusive apresentando questões a serem debatidas, garantindo e incentivando a participação de todos, abrindo possibilidades de participação também para os ouvintes e conduzindo os trabalhos de tal forma que no tempo previsto se chegue a discutir e aprender um tema novo com base nos grupos de pesquisa. O resultado dessa mesa-redonda pode ser um texto produzido pelos alunos com a coordenação do professor sobre o novo tema. Então, sim, ter-se-á realizado um seminário. Nesses moldes, há quem afirme que mesmo em cursos de pós-graduação o uso dessa técnica é por demais reduzido.

Como explicitado anteriormente, é uma excelente técnica quando bem compreendida e adequadamente realizada. Por isso, vale a pena conhecê-la, praticá-la e permitir que os alunos a descubram também.

8. Leituras

Todos os professores consideram bastante importante que os alunos se preparem para as aulas lendo alguns textos ou elaborem algum material. E são muitas as reclamações de que os alunos não leem nem preparam nenhum material fora de aula porque não têm tempo, já que trabalham o dia todo ou fazem outras tantas atividades, ou porque "acham muito chatas essas leituras, e, depois, o professor as repõe, explica ou retoma em aula: então, para que estudar antes da aula?"

O autor já viveu esse drama, e após algumas tentativas, em seus cursos, matutinos ou noturnos, os alunos já leem e preparam o material para o encontro seguinte.

Em primeiro lugar, no início do curso, ao fazer a programação, combina-se que ali se encontrarão para aprender e não apenas para "tirar uma nota". Essa disposição exige trabalho do grupo durante o período de aula para aprender, tempo esse que não pode ser ocupado só com aulas expositivas, nas quais o professor apresenta de forma resumida e organizada um conteúdo necessário. Cada aluno precisa ler, procurar compreender os textos, buscar informações e se preparar para um tempo na universidade (aula) onde ele vai se encontrar com seus colegas e com o professor e todos juntos, em equipe, vão aprender o que se propuseram. Leitura, estudo, preparação pessoal são indispensáveis para aprender e participar de uma atividade coletiva de aprendizagem.

Fechado o compromisso, indo para o lado prático, é importante que os textos indicados para leitura sejam de fácil acesso, com certo número de páginas que possa ser lido e estudado em uma semana (supondo que os encontros de aula sejam semanais), lembrando que o aluno não tem só a nossa disciplina, mas um conjunto de oito a dez. Ou seja, é fundamental que os textos indicados sejam bem dosados na quantidade e na complexidade (indo dos mais simples aos mais complexos). Por vezes, pode-se solicitar aos alunos que pesquisem outros materiais, mas nesse caso a orientação é imprescindível.

Um segundo cuidado ao indicar uma leitura, visando motivar o aluno, é orientá-la para que em cada semana ela seja feita de um modo diferente, conforme seu uso em aula. Por exemplo, em uma semana, que os alunos leiam um texto e tragam-no resumido em uma página; na outra, que tragam redigidos em uma página os pontos ou conceitos-chave do texto; na terceira, pede-se que em uma ou duas páginas tragam um caso resolvido; em outra oportunidade, que leiam o texto e, baseados neste, tragam perguntas. Pode-se ainda solicitar que leiam um texto e façam um resumo com comentários pessoais e até mesmo oferecer uma série de perguntas relacionadas ao texto de leitura para ser respondidas por escrito; e assim por diante. Percebe-se a quantidade de alternativas existentes, entre muitas outras, para variar a atividade de leitura fora de aula. Explorá-las leva à motivação e supera aquela sensação de "tarefa, obrigação, chateação que os professores mandam a gente fazer em casa só por fazer; ou para o professor não se sentir omisso, pois deu uma tarefa para casa".

No entanto, um aspecto importante: a tarefa feita em casa pelos alunos deverá ter uma continuação em aula. O aluno deve perceber que não fez seu trabalho em vão e que o material que preparou é importante para as atividades da aula. E o que acontecer em aula não poderá ser uma aula expositiva repetitiva do texto lido (essa é a melhor forma de desencorajar alunos a estudar fora de aula), mas atividades dinâmicas, interessantes, em que a participação dos alunos com suas páginas escritas é fundamental. O aluno precisa sentir que seu trabalho é importante e ele próprio é valorizado pelo que acontece em aula. Pela mesma razão, aqueles que não realizaram a tarefa solicitada não poderão participar da dinâmica da classe, mas deverão ser convidados a aproveitar aquele tempo para uma segunda oportunidade de ler e se preparar individualmente para a continuidade da aula.

Aos poucos, a classe vai percebendo que é interessante ler e vir à aula, pois se torna importante encontrar-se com colegas e professor para trocar ideias, debater, discutir, conhecer aspectos novos, participar de outras dinâmicas. Vai notar aos poucos a diferença de receber um material todo pronto e construir ele próprio seu conhecimento, encontrar nele um significado próprio. Para o professor, uma aula assim será muito mais motivadora e instigadora e muito menos cansativa.

9. Recursos audiovisuais

Em geral, os recursos audiovisuais são empregados como apoio a aulas expositivas ou atividades com toda a classe. Como o próprio nome diz, são cartazes, fotos, quadro-negro, *slides*, mapas, pinturas, gráficos, filmes, vídeos, transparências, músicas, PowerPoint, CD-ROM. São recursos usados estaticamente ou com movimento, isoladamente ou em conjunto do tipo multimídia.

Uma vez que para exibi-los são necessários instrumentos e condições próprias para cada um, a primeira preocupação do professor será verificar se na sala de aula ou no local onde for usá-los dispõem-se desses meios, por exemplo: iluminação natural adequada, possibilidade de escurecer a sala, tomadas elétricas convenientes, telas, som, TV, vídeo, projetor multimidiático, retroprojetor, computador etc.

Cada um desses recursos possui regras próprias de uso – deve-se chamar a atenção para alguns aspectos gerais que se referem a quase todos e sobre os quais frequentemente se é interrogado em contatos com professores do ensino superior.

Um primeiro ponto: em geral, esses recursos não deveriam ser usados para a escrita e leitura de textos longos. Há professores, por exemplo, que escrevem seus textos de aula em transparências e passam o tempo de aula lendo-os. Esses recursos devem ser usados para exibir, por exemplo, o esquema de um assunto, um roteiro de aula apenas com palavras-chave ou itens que serão desenvolvidos e poderão ser colocados em um quadro-negro, transparência, *slide*, PowerPoint. Aliás, aconselha-se a não colocar todos os itens de uma só vez nesses recursos, mas abrir ou colocar um de cada vez para que os alunos não se distraiam e se concentrem em um ponto por vez. Cada recurso dispõe de forma própria para fazer isso.

Os recursos poderão ser usados para explicitar o que se está estudando ou tratando por meio de desenhos, fotos, gráficos, mapas, tabelas, figuras. Nesse sentido, a atenção precisa estar voltada para a quantidade de fotos, gráficos, mapas, tabelas, figuras. Um número ideal deles é o que permita ao aluno ao mesmo tempo ver e compreender melhor o que se está explicado, discutir, debater, analisar o que está vendo. Sem dúvida, uma sessão com um número menor de *slides*, por exemplo, bem escolhidos que permita discussão sobre eles, inclusive com um acender de luzes para que todos se vejam no debate, será algo muito mais incentivador da aprendizagem do que as sessões contínuas de *slides* (com certeza fotograficamente cada vez mais belos e perfeitos) durante 50 ou 100, ou até mesmo 200 minutos, com pequeno intervalo. Um número razoável de *slides* que permita, inclusive, interromper sua sequência para um debate e pedido de explicação ou apresentação de dúvida cumpre muito bem seu papel de apoio à atividade em andamento.

No uso de transparências deve-se procurar elaborá-las com os recursos disponíveis atualmente, com o computador, escolhendo bem as cores de fundo e das letras, o tamanho destas para que se possa visualizá-las de todos os lugares da sala (o mesmo valendo para o uso do quadro-negro). Mesmo que se escolha a transparência ou o PowerPoint para poder escrever com caneta apropriada na hora da aula, a escrita precisa ser bem legível. É lamentável, e uma profunda falta de respeito com os participantes, assistir a conferências em que o conferencista usa transparências mal escritas, a mão, ilegíveis, com quadros também manuscritos, completamente tortos e rabiscados.

Por último, no uso de transparências, *slides* ou PowerPoint, o professor deve atentar para não se posicionar entre o aparelho e a tela, cobrindo assim parte da projeção, e usar de preferência ponteira com *laser* para chamar a atenção para algum ponto em especial. Se não se dispuser desse instrumento, no caso das transparências, pode-se usar uma caneta ou lapiseira como um cursor, colocando-a sobre a transparência, em cima do retroprojetor, em vez de fazer a indicação com a mão ou um dos dedos apontando para a tela.

Em todos esses aspectos, o uso do PowerPoint leva grande vantagem operacional, tanto no que diz respeito à construção de imagem e textos (movimento, cor, efeitos outros, tamanho e tipo de letra, uso de figuras, linhas, flechas etc.) quanto à apresentação: dinâmica, por partes, com ou sem comentários etc.

TÉCNICAS QUE PODERÃO SER USADAS EM AMBIENTES DE APRENDIZAGEM PROFISSIONAL

Atualmente, acredita-se que o melhor local de aprendizagem para a formação de profissionais das mais diferentes carreiras é o próprio ambiente onde se vive e atua profissionalmente. Trata-se de uma situação real, complexa, conflitiva, que exige conhecimentos teóricos adquiridos ou a serem pesquisados, a habilidade de aplicá-los à situação real, integrando teoria e prática, buscando solução ou encaminhamento para um problema, convivendo em uma equipe de trabalho que envolve profissionais de áreas diferentes trabalhando conjuntamente e demonstrando a necessidade da multi ou interdisciplinaridade. Por tudo isso, é um ambiente extremamente motivador e envolvente para os alunos.

Algumas carreiras, convencidas da importância da formação do profissional em seu ambiente de trabalho, estão implementando projetos de cursos de graduação que, na prática, reveem alguns princípios que se julgavam inquestionáveis há até pouco tempo. Por exemplo, não se pode ir à prática sem antes dominar toda a teoria necessária; o estágio ou a atividade equivalente só pode acontecer nos últimos períodos do curso; o estágio é uma aplicação da teoria estudada; a lógica dedutiva ao se trabalhar com teorias e conceitos é básica; o relacionamento universidade-instituição profissional é de justaposição, não de parceria e corresponsabilidade.

Que princípios substituem esses? A interação teoria-prática é fundamental para a aprendizagem. Ela precisa acontecer na realidade.

Por vezes, as pessoas dispõem de conhecimentos e depois veem como se comportam na prática; não se vai necessariamente realizar uma prática conforme o padrão estabelecido pela teoria. É preciso ver como a teoria se comporta na situação concreta em que está: ela poderá ajudar a resolvê-la, poderá sofrer adaptações ou mesmo exigir nova pesquisa, ou seja, a teoria de que se dispõe não foi suficiente para a situação vivida.

Em outras circunstâncias, ainda não se dispõe da teoria, mas é possível entrar em contato com um ambiente profissional, e aprender a observar o que ali acontece e, por essas primeiras observações, buscar as informações de que se necessita para a compreensão do ambiente e da situação profissional que ali se desenrola. A teoria vem em seguida ao contato direto com a situação profissional. E nesse caso, em geral, o processo de aprendizagem é mais eficiente.

O estágio é considerado o eixo fundamental de um currículo, e não apenas uma atividade a mais. Por isso mesmo, é realizado desde o início do curso, de várias formas, em diversos ambientes, integrando disciplinas, reorganizando o currículo. Em um projeto conhecido, inclusive a divisão do ano acadêmico foi alterada de dois semestres para três quadrimestres a fim de que se organizasse a formação com quadrimestre *full time* na universidade seguido de um quadrimestre *full time* na empresa.

Há, portanto, a valorização da lógica indutiva como forma de construir o conhecimento, partindo-se da situação concreta para os princípios teóricos. Por fim, desenvolve-se o sentido de parceria e corresponsabilidade pela aprendizagem entre as instituições envolvidas no processo.

Consideram-se técnicas para ambientes profissionais: o estágio, visitas técnicas, excursões, prática clínica, laboratórios, aulas práticas em escolas, empresas, escritórios, hospitais, institutos de pesquisa, fóruns etc.

Essas técnicas são específicas de cada ocupação, uma vez que cabe à carreira profissional e à universidade definir as características próprias de seu profissional e, consequentemente, como desenvolvê-las. Assim, o que esperar da presença do aluno no ambiente de trabalho, o que poderá aprender, em que condições ele deverá atuar, com que profissionais, de que forma realizar sua aprendizagem são definições próprias de cada profissão com os professores da universidade e certamente diferentes para cada curso de graduação. Há, no entanto, algumas que são comuns e sobre as quais é oportuno comentar.

Estágio

Embora seja uma prática de formação comum em todas as profissões, infelizmente não é aproveitada pedagogicamente. O estágio aparece na vida do aluno como uma tarefa indesejável, que ele deverá fazer fora do horário de aula, é obrigatória, pois lhe trará créditos e notas necessárias, e da qual ele deverá se livrar da forma mais rápida, até mesmo contando com certa cumplicidade do responsável do local onde fará o estágio. Os professores responsáveis pelo estágio em uma instituição educacional nem sempre são remunerados pelas horas de que necessitam para orientar e acompanhar os estágios.

O professor entende que é preciso resgatar a importância e a validade do estágio como ambiente essencialmente necessário para aprendizagem dos alunos. Para isso há que se valorizá-lo institucionalmente, colocando-o em um lugar de destaque no currículo: ele deveria ser pensado como um dos eixos curriculares que perpassam todo o currículo, favoreçam a integração das disciplinas e da teoria com a prática, são feitos durante todo o curso em situações diferentes cada vez mais complexas, com acompanhamento não apenas de um professor encarregado do estágio, mas de todos os professores em cujas disciplinas ele é realizado, tratando-o como um ambiente fundamental de aprendizagem. Assim entendido, o estágio pode inclusive colaborar para aperfeiçoar o próprio currículo.

Deve-se valorizá-lo diante dos alunos, para que estes o percebam como uma situação real, profissional, em que eles encontrarão as melhores condições de se formar e aprender, a tal ponto que em vez de abreviá-lo procurem explorá-lo cada vez mais. Para isso, é evidente que a preparação, realização e avaliação do estágio precisam ser muito bem planejadas e executadas com os alunos.

A instituição que abrigar o estágio também deve valorizá-lo, percebendo como será interessante manter contato com a universidade, com professores universitários, que seus funcionários se relacionem com futuros profissionais dando prosseguimento à sua formação continuada por intermédio desse contato.

Os estágios em sua preparação precisam levar em conta alguns pontos básicos:

a. envolvimento da faculdade, dos professores, das empresas que oferecem estágios, e dos próprios alunos;

b. planejamento onde se explicitem os objetivos de aprendizagem do aluno naquele estágio, o compromisso da instituição de estágio de oferecer ao aluno oportunidade da aprendizagem esperada; de acompanhamento e avaliação do desempenho do aluno juntamente com os professores do curso; a contrapartida oferecida pelo curso à instituição de estágio e/ou aos seus profissionais pelo contato com a Universidade, indicação do professor do curso que acompanhará o aluno em seu estágio; e por fim o compromisso de integração das aprendizagens do estágio nas atividades curriculares, inclusive quando de suas reformas.

O estágio não pode ser uma atividade individual do aluno que cumpre um número de horas de atividades extraclasse para completar seu currículo. Muito menos tem o sentido de técnica de aprendizagem quando não há envolvimento de alunos, professores e instituição educacional em sua realização. (Masetto, 2007, p. 23-24)

É uma visão nova que talvez requeira certa ousadia para ser posta em prática. Mas não se vê outra saída para melhorar a qualidade dos cursos de graduação. Há instituições, principalmente das áreas de engenharia e saúde, que estão ingressando por esse caminho e realizando projetos muito promissores.

VISITAS TÉCNICAS E EXCURSÕES

Como no estágio, trata-se de duas técnicas muito ricas que permitem ao aprendiz desenvolver aprendizagens cognitivas, de habilidades e de valores ou atitudes. Elas podem ocorrer em grupos

(pequenos ou com toda a turma) e individualmente. Depende das circunstâncias e das possibilidades tanto da instituição educacional como do local da visita ou excursão. Em qualquer hipótese, para que funcionem bem, é preciso tomar alguns cuidados:
- estarem integradas aos assuntos que estão sendo estudados no momento;
- serem preparadas com os alunos, definindo-se o que observar e o que registrar. É interessante organizar com o grupo de alunos um roteiro de observações e/ou entrevistas que deverão ser realizadas por eles, além de orientá-lo como registrar os dados em material adequado. Às vezes, será interessante que todos observem tudo; outras, que cada grupo de alunos observe parte da situação para complementação posterior;
- após a visita técnica ou excursão, redigir um relatório das observações e dados obtidos e trazê-los na aula seguinte para estudo e debate entre colegas e com o professor. Nesse debate é importante trazer as questões teóricas buscando a interação teoria e prática.

Tomemos como exemplo *a visita técnica*. Esta pode ser feita individualmente pelos alunos, ou em pequenos grupos ou com a turma toda. É importante chamar a atenção sobre este aspecto, porque muitos entendem como visita técnica apenas aquela que é feita com a turma toda: o que é mais difícil e se torna, muitas vezes, impossível. Quando de sua realização, é necessário esclarecer muito bem quais são os objetivos daquela visita técnica, como ela se integra ao que se está estudando dentro do programa estabelecido. Com os alunos, preparar o roteiro das observações a serem feitas, o roteiro de entrevistas que venham a ser realizadas.

Durante a visita técnica fazer as observações previstas e registrar os dados, informações, observações realizadas. Antes da próxima aula, preparar um relatório individual ou em grupo sobre a visita técnica que possa ser apresentado ao professor e aos colegas e sirva de base para a continuidade de estudos e debates sobre o assunto em pauta. Faz parte da preparação da visita técnica, o planejamento estratégico que envolve as condições necessárias para que ela possa ser realizada. (Masetto, 2007, p. 23)

AULAS PRÁTICAS E DE LABORATÓRIO

O uso de aulas práticas e de laboratório, embora diferentes e específicas para cada curso e profissão, poderá levar em conta as recomendações já feitas para visitas técnicas e excursões visando à eficiência para a aprendizagem dos alunos. O ideal é poder contar com várias dessas aulas práticas e laboratoriais, entremeadas com visitas técnicas e excursões. Os aspectos teóricos nunca estarão dispensados, mas será mais interessante e motivador tratá-los e aprendê-los de forma integrada com a realidade profissional do aluno do que apenas subjetivamente.

PRÁTICAS PARA APRENDIZAGEM EM AMBIENTES VIRTUAIS

Formando um conjunto, as técnicas analisadas a seguir são aquelas que se baseiam fundamentalmente no uso do computador e da informática. Há algum tempo elas eram chamadas de "novas tecnologias" e, posteriormente, "novas tecnologias de informação e comunicação" (NTIC).

Essas novas tecnologias incluem o uso da internet, do CD-ROM, da hipermídia, da multimídia, de sites, de ferramentas como o *chat*, grupos ou listas de discussão, fóruns, vídeos e teleconferências, correio eletrônico, e de outros recursos e linguagens digitais de que atualmente se dispõe e que podem colaborar significativamente para tornar o processo de educação mais eficiente e eficaz.

Tecnologia essa que pode ser usada para realizar educação a distância, em que o computador passa a ser uma máquina que intermedeia o professor e os alunos em locais físicos distantes visando a um processo de aprendizagem, que pode ser empregada como apoio às atividades presenciais de um curso de graduação no ensino superior tornando-os mais vivos, interessados, participantes e mais vinculados com a nova realidade de estudo, de pesquisa e de contato com os conhecimentos produzidos.

Explora o uso de imagem, som, movimento simultâneo, a máxima velocidade no atendimento às demandas do corpo docente e o trabalho com as informações dos acontecimentos em tempo real. Professores especialistas, grandes autores e pesquisadores, que para muitos seriam inacessíveis, por meio desses recursos agora já podem ser consultados.

Professor e aluno passam a trabalhar em conjunto não só na aula, quando se encontram fisicamente, mas também a distância, em suas residências no período entre uma aula e outra dialogando, discutindo, pesquisando, perguntando, respondendo, comunicando informações.

Os objetivos que poderão ser alcançados por essa tecnologia são:
- valorizar a autoaprendizagem, incentivar a formação permanente, a pesquisa de básicas e novas informações, o debate, a discussão, o diálogo, o registro de documentos, a elaboração de trabalhos, a construção da reflexão pessoal, a redação de artigos e textos;
- desenvolver a interaprendizagem: a aprendizagem como produto das inter-relações entre as pessoas. Desse ângulo, então, a informática e a telemática abrem outro grande mundo de experiências e de contatos, se forem levados em consideração

o possível número de pessoas contatáveis, a rapidez e o imediatismo desses contatos (seja com pessoas de nosso país, ou do exterior; conhecidas ou desconhecidas). Basta dispor de um endereço eletrônico para multiplicar o número de contatos (professor e alunos passam a se encontrar não só em aula, mas a todo momento, por meio do correio eletrônico).

É verdade que muitos utilizam essas tecnologias para transmitir informações e conhecimentos. Por exemplo, a exploração da vídeo ou teleconferência, quando a participação dos telespectadores é mínima ou quase nula, ou seja, ouvir, ou apenas fazer algumas perguntas. Outro exemplo: o uso do computador como banco de dados de uma disciplina para fazer consultas e responder a perguntas sobre determinados assuntos.

A constituição tecnológica dessa base de dados é realizada, por vezes, por algum técnico em informática que, recebendo informações do professor, os disponibiliza no computador para uso e acesso direto dos alunos. Nessas circunstâncias, de algum modo, o professor se sente substituído em seu papel de transmissor de conhecimentos e se pergunta o que deverá fazer agora. A escola, ao possuir um laboratório de informática, em várias disciplinas se apresenta como uma escola moderna, pois oferece a seus alunos o uso do computador. É uma perspectiva "instrucionista" na informática educativa.

Se em ambientes presenciais defende-se o uso de técnicas que possibilitam ao aluno encontrar um significado próprio para o conhecimento que está construindo com o professor e com os colegas, com o emprego das técnicas em ambiente virtual não será diferente.

Comentam-se, a seguir, algumas técnicas e seu uso para incentivar a aprendizagem: teleconferência, bate-papo, listas de discussão, correio eletrônico, internet, CD-ROM e PowerPoint.

Teleconferência

O que caracteriza a teleconferência é a possibilidade de colocar um professor ou um especialista em contato com telespectadores distantes fisicamente de onde acontece. O professor ou especialista profere sua conferência em determinado lugar e todos podem ouvi-lo e com ele debater, estando cada um em sua escola ou em sua cidade. Nem o conferencista nem as pessoas precisam se deslocar dos vários locais para participar da conferência.

A teleconferência se realiza em tempo real, preferivelmente com a participação dos ouvintes, fazendo perguntas, dialogando com o conferencista, e deste, dialogando com os participantes. Essa interação só será possível se se dispuser de equipamentos (câmeras e som) onde a teleconferência está sendo ministrada e nos diferentes locais de assistência.

A videoconferência é uma palestra gravada em vídeo, exibida em qualquer tempo e a qualquer público em diferentes ocasiões, que serve para conhecer o pensamento do conferencista e discutir o tema por ele apresentado, sem que esteja *on-line* naquele momento.

É muito importante que a participação em uma tele ou videoconferência possa ser precedida de estudos sobre o tema, a relação do tema com o programa trabalhado naquele curso, informações sobre o pensamento do conferencista, ou sobre os trabalhos que vem desenvolvendo, o que permitiria maior aproveitamento das contribuições do professor, um debate no ar com perguntas, aportes, exemplos, debates, enfim, uma teleconferência que não seja um monólogo, mas um diálogo. Além disso, haverá a necessidade de uma continuidade individualmente ou em grupo, presencial ou não, com atividades que se integrem com a teleconferência. Em outras palavras, a teleconferência não poderá acontecer como uma atividade isolada.

O CHAT, OU BATE-PAPO

O *chat*, ou bate-papo *on-line*, funciona como uma técnica de *brainstorming*. É um momento em que todos os participantes estão no ar, ligados, e são convidados a expressar suas ideias e associações sobre um tema proposto. O professor procurará coordenar essas manifestações apenas no sentido de mantê-las dentro do assunto combinado, pois, em um *chat*, com grande facilidade salta-se de um assunto para outro e, depois de algum tempo, corre-se o risco de perder o controle da situação.

O objetivo do *chat* e seu tema precisam estar bem definidos para que todos possam se expressar com liberdade. Essa técnica permite conhecer as manifestações espontâneas dos participantes sobre determinado assunto ou tema e serve para, por exemplo, aquecer um posterior estudo e aprofundamento do tema; preparar uma discussão mais consistente; motivar um grupo para um assunto; incentivá-lo quando se mostrar apático; criar ambiente de grande liberdade de expressão.

A técnica, normalmente, envolve muito os participantes, e a velocidade com que acontecem as contribuições é surpreendente, uma vez que todos podem se manifestar ao mesmo tempo. Isso vai exigir um acompanhamento muito perspicaz por parte do professor, seja para poder, depois de certo tempo, orientar a atividade para o que se espera, seja para se policiar e não entrar a todo momento nas manifestações.

Não é aconselhável que o professor interfira em todos os momentos do *chat*, de forma a deixar mais tempo para os próprios alunos. Mesmo quando estes solicitam diretamente sua posição, o melhor é analisar se é o caso de expressá-la ou devolver a questão para outro membro do grupo. Sua participação será importante ao final do *chat* para tentar fazer uma síntese da discussão.

Como a anterior, essa técnica também não pode existir sozinha. Há que estar vinculada a outras que a seguem, dando continuidade às ideias produzidas e ao desenvolvimento da aprendizagem esperada.

LISTAS DE DISCUSSÃO

Essa técnica cria a oportunidade de um grupo de pessoas poder debater um assunto ou tema sobre o qual ou sejam especialistas ou tenham realizado estudos prévios.

Seu objetivo é fazer uma discussão que leve ao avanço dos conhecimentos, das informações ou das experiências para além do somatório de opiniões, de forma que o produto desse trabalho seja qualitativamente superior às ideias originais.

Pode-se organizar um único grupo para discutir, ou simultaneamente dividir o assunto em vários tópicos e sobre cada um deles formar um grupo de discussão.

Nas duas hipóteses, deve-se pensar em um assunto sobre o qual o grupo possa vir a se expressar uma ou mais vezes, durante um tempo de, por exemplo, quatro a sete dias, podendo cada participante avançar e modificar suas próprias reflexões nesse período com base em seus estudos, analisando as colaborações de seus colegas e do professor, ou discutindo as ideias em questão. Podem-se tirar as primeiras conclusões e até produzir um texto: depende do objetivo prefixado e do tempo estabelecido para tal.

Tal forma de trabalhar em grupo favorece o desenvolvimento de uma atitude crítica perante o assunto, uma expressão pessoal fundamentada e argumentada sobre os vários aspectos em debates, e não pode ser atropelada pelo professor com interferências diretas "para resolver os conflitos, ou responder às dúvidas que surjam". Não se trata de uma situação de perguntas e respostas entre os participantes e o professor. Mas sim de uma reflexão contínua, de um debate fundamentado de ideias, em que o professor intervém no sentido de incentivar o progresso dessa reflexão, e também trazer suas contribuições, sem nunca fechar o assunto.

Correio eletrônico

Essa técnica facilita o encontro entre aluno e professor, entre uma aula e outra, e sustenta a continuidade do processo e da aprendizagem, pelo atendimento a um pedido de orientação urgente para não interromper um possível trabalho até o novo encontro com o professor na próxima aula, ou por uma comunicação geral do professor com toda a classe, ou com algum aluno em particular durante o intervalo entre uma aula e outra com informações novas, sugestões interessantes, ou avisos urgentes.

Principalmente para o aluno, esse recurso é ainda muito importante para sua aprendizagem, porque coloca a todos em contato imediato, favorecendo a interaprendizagem entre os próprios alunos, a troca de materiais, a produção de textos em conjunto. Incentiva o aprendiz a assumir a responsabilidade pelo seu processo de aprendizagem, e certamente o motivará para o trabalho necessário para isso.

Com relação ao papel do professor no uso desse recurso, alguns pontos merecem reflexão. A disponibilidade do professor para responder aos e-mails é fundamental, pois, se à mensagem do aluno não se seguir imediatamente uma resposta do professor, o processo se interrompe, e o aluno se sente desmotivado para continuar o diálogo. Além disso, a resposta do professor poderá ser dirigida para o grupo todo ou para um aluno em particular.

No segundo caso, há que se atender à situação concreta e individual daquele aluno, o que fará de cada resposta "uma" resposta particular. Isso quer dizer que, conhecendo o aluno, suas dificuldades ou as situações particulares pelas quais está passando, a resposta sempre deverá ser individualizada, variando de um aluno para outro.

Não se pode esquecer que na situação presencial, quando um aluno faz uma pergunta, vê-se o aluno, suas reações ao fazer a pergunta e ao receber a primeira resposta, o diálogo é um contato direto e poderá sugerir a continuidade da orientação. No uso do correio eletrônico não se dispõe desses recursos; por isso, o que se escreve e o modo de fazê-lo deverá levar em conta a possível situação e reação do receptador da mensagem.

Além da disponibilidade e da forma de responder ao correio eletrônico, há outro problema que aos poucos vai se agravando e para o qual é necessário estar atento. Trata-se da quantidade de e-mails que o professor poderá passar a receber, do tempo que a leitura e a resposta a eles vão consumir. Muitos professores despendem um número elevado de horas diárias com esse novo trabalho, o que não só aumenta sua carga de trabalho como o tira de outras atividades igualmente importantes.

Desconhecem-se soluções efetivas para tal problema. O que se tem experimentado é procurar delimitar um tempo diário para a atividade, por exemplo, uma hora, que em alguns dias será mais do que suficiente. Em outros, permitirá selecionar as mensagens mais urgentes, respondê-las e deixar para o dia seguinte as demais. Em outras circunstâncias, as mensagens que são afins podem ser reunidas e uma resposta coletiva pode ser enviada para o grupo. Mas o problema existe e exige que se pense em um encaminhamento. A dificuldade não deverá impedir de usar esse potente recurso de aprendizagem.

INTERNET

Esse é um recurso que poderá ajudar professores e alunos em seu processo de aprendizagem a superar duas dificuldades no incentivo à leitura e à pesquisa: certa rejeição dos alunos em ler livros, preferindo substituí-los por apostilas; e alguma resistência em se dirigir à biblioteca para pesquisar.

A internet se apresenta como um recurso dinâmico, atraente, atualizado, possibilitando o acesso a um número ilimitado de informações e de entrar em contato com todas as grandes bibliotecas do mundo, com os mais diversos centros de pesquisa, com os próprios pesquisadores e especialistas nacionais e internacionais, com os periódicos mais importantes das várias áreas do conhecimento.

Acrescente-se a tais vantagens a comodidade do acesso que se faz de casa, do escritório, da empresa, da biblioteca, dos mais diferentes lugares. Pode-se acessar, ler, comparar, reproduzir e produzir textos e imagens, construir pensamento, registrar reflexões, tudo ao mesmo tempo. Sem dúvida, a internet é um grande recurso de aprendizagem múltipla: aprende-se a ler, buscar informações, pesquisar, comparar dados, analisá-los, criticá-los, organizá-los.

Com a internet é possível desenvolver habilidades para explorar esse novo recurso tecnológico; desenvolver a criatividade; discutir valores éticos, políticos e sociais na consideração dos fatos e fenômenos que chegam a nosso conhecimento de todas as partes do mundo; desenvolver a autoaprendizagem e a interaprendizagem (com os outros, com o mundo e suas realidades, com seu contexto).

Como todos os outros recursos, porém, é preciso aprender a usá-la. Há necessidade de o professor orientar como utilizá-la para as atividades de pesquisa, de busca de informações, de construção do conhecimento e de elaboração de trabalhos e monografias. Deve-se orientar os alunos para que não transformem tão rico instrumento de aprendizagem em uma forma mais caprichada de apresentar uma colagem de textos, como antes faziam com textos de revistas ou de livros fotocopiados da biblioteca. No fundo, há que se orientar como fazer trabalhos e monografias que sejam produção de conhecimento, fruto da reflexão e do estudo pessoais e de discussões em grupo, e não apenas cópias de textos já escritos.

Ao professor caberá ensinar a fazer um trabalho de reflexão, pesquisar na internet, abrir os primeiros sites que sejam relevantes para o tema da pesquisa, incentivar para que daí por diante o aluno faça suas próprias navegações. Não estranhe se, porventura, o aluno encontrar dados ou informações que ele, professor, ainda não tenha descoberto.

Seu papel não é saber tudo que exista sobre determinado assunto antes do aluno, mas estar aberto para aprender também com novas informações conquistadas pelo aluno e, principalmente, estar em condições de discutir e debater as informações com ele, bem como ajudá-lo a desenvolver sua criticidade diante do que venha a encontrar. Todos sabem que há muita coisa importante e interessante na internet. Assim como há um número indefinido de informações absolutamente dispensáveis. Alunos e professor vão aprendendo a desenvolver sua criticidade.

CD-ROM E POWERPOINT

Ainda como exemplos de novas técnicas, é interessante comentar o uso do CD e do PowerPoint em aula, como recursos facilitadores e mediadores de aprendizagem.

São técnicas multimidiáticas e hipermidiáticas que integram imagem, luz, som, texto, movimento, pesquisa, busca, *links* já organizados ou com possibilidade de torná-los presentes pelo acesso à internet. Esses recursos disponibilizam informações e orientações de trabalho aos usuários de forma integrada, ativando todos os sentidos e incentivando a reflexão e compreensão do assunto que se pretende seja aprendido.

A confecção do CD-ROM exige cuidados e recursos técnicos especializados de que nem todos os professores dispõem. O uso,

porém, dos que existem e a confecção de material em PowerPoint visando à aprendizagem do aluno não poderão desconsiderar alguns princípios básicos
- o aluno não pode fazer o papel de assistente passivo diante daquilo que se desenrola na sua frente;
- o CD-ROM ou o PowerPoint não podem querer substituir as atividades do aprendiz;
- é preciso prever atividades, tempo, momentos para o aluno perguntar, refletir, debater, pesquisar, trabalhar, redigir etc.

O CD-ROM e o PowerPoint deverão funcionar como incentivadores dessas várias atividades de aprendizagem.

(9)

Seleção de conteúdos significativos para uma disciplina

Para a maioria das escolas superiores e dos professores, o conteúdo possui uma relevância toda especial. Em geral, é o conteúdo da disciplina que define o plano, os exercícios, a avaliação, a escolha dos professores e sua contratação, a importância e a atualidade de cada disciplina.

De modo geral, uma disciplina vale pelo conteúdo que aborda, aprofunda e discute. Para ministrá-la são selecionados e contratados professores pelo domínio teórico e experimental que possuem sobre seu conteúdo, e é aceita a crença de que "quem sabe o conteúdo daquela disciplina sabe transmiti-lo e sabe ensinar".

Essas e outras situações colaboram para dar e manter o caráter de "absoluto" ou de "principal" para o conteúdo das disciplinas dentro das faculdades.

Duas são as grandes preocupações dos professores do ensino superior quando vão planejar suas disciplinas: organizar o conteúdo que será trabalhado e montar o cronograma das aulas para garantir que todo o conteúdo seja cumprido. Este, geralmente, já está estabelecido para cada disciplina e período letivo por alguma autoridade: um antigo catedrático da disciplina, alguém que escreveu um livro-texto sobre os diversos temas (quando não são apenas apostilas), ou o núcleo mais antigo do departamento ou da disciplina, que continua estudando os diversos assuntos e suas atualizações. O certo é que o conteúdo, com frequência, já está determinado e não é passível de alterações. Esse é o tema de discussão deste capítulo.

Para iniciá-la, o primeiro aspecto que se deve retomar é a consideração sobre a disciplina como reunião de especialistas de determinado assunto e como componente curricular.

No primeiro caso, trata-se de um grupo de especialistas que continuam seus estudos, suas atualizações, suas pesquisas a respeito de determinada área do conhecimento, e, dessa forma, produzem ciência e fazem o conhecimento avançar. Sumamente importante, tal atividade precisa ser preservada e incentivada para o progresso da ciência.

Disciplina como componente curricular é algo diferente: trata-se de um conjunto de conhecimentos e informações de certa área que são necessários para a formação de determinado profissional. Assim sendo, é absolutamente necessário que o conteúdo reúna, com base em todo conhecimento daquela área, os saberes e as informações que são requeridos e pertinentes à formação do profissional e possam ser aprendidos por alunos de um curso de graduação. Trata-se da transposição didática.

Essas postulações que parecem simples e triviais trazem consequências muito sérias. Por exemplo, mesmo que a disciplina seja considerada básica para diversos cursos de graduação como física, matemática, cálculo diferencial e integral, biologia, sociologia, anatomia etc., é preciso levar em conta que os exemplos a serem dados, as aplicações a serem feitas, as relações com as demais disciplinas do currículo e com as atividades profissionais serão específicos. Por vezes, os próprios conceitos, sua abrangência, profundidade e especificações mudarão conforme o curso em que a disciplina é lecionada.

Daqui se retira outra consequência: não é a disciplina que exclusivamente define o seu conteúdo. Depende do curso, do profissional que se pretende formar e de suas necessidades.

Por sua vez, o professor precisará estar integrado com o currículo no qual sua disciplina está inserida, relacionando-a com as outras disciplinas e muito atento ao uso que o profissional fará dos conhecimentos e das informações que pretende transmitir. Sem essas vinculações, dificilmente conseguirá planejar o conteúdo necessário para aquele curso e, sobretudo, motivar seus alunos a se interessar por sua disciplina.

Considerando esses pressupostos, quais seriam os passos necessários para o professor selecionar o conteúdo de uma disciplina?
- Em primeiro lugar, ter clareza sobre o perfil e as características do profissional para cuja formação está contribuindo.
- Individualmente ou em equipe (com colegas que lecionam a mesma disciplina), examinar todo o conteúdo próprio da disciplina, dele retirando, ainda desordenadamente, todos os itens importantes para aquele curso, elaborando um rol de itens apropriado.
- Comparar esse rol de itens com aquele que é proposto pela disciplina, procurando analisar neste último quais assuntos

já estão ultrapassados, quais são inúteis, quais são inaplicáveis, quais merecem atualização, que novos tópicos devem ser acrescentados, quais devem ser substituídos até se chegar a um conjunto de tópicos adequados para aquele curso.

- Com o objetivo de favorecer a integração dos conhecimentos, destacar entre os tópicos selecionados no item anterior os grandes temas ou os eixos teóricos ao redor dos quais os demais temas poderão se agrupar, ou a possibilidade de os itens menores poderem se colocar como decorrentes deles. Isso deve ser feito de forma que se possa organizar uma média de quatro a cinco grandes temas integrativos para o semestre, e o dobro deles para uma disciplina de um ano de duração.

- A participação dos alunos também é fundamental, embora se possa discutir a forma dessa contribuição: poderá ser durante a apresentação e a discussão do plano do curso com a classe por ocasião do início deste, sob forma de avaliação da programação pela classe ao final de cada semestre, em que se percebem os pontos fracos a serem corrigidos, ou, ainda, mediante sugestões para o semestre ou ano seguinte. Essa atitude acarretará, sem dúvida, uma aplicação sucessiva de planos que a cada ano ou semestre são refeitos, respondendo cada vez mais às necessidades dos alunos.

Uma seleção de conteúdo assim encaminhada favorece a escolha de temas adequados ao curso, a aprendizagem de um conteúdo integrado e bem relacionado com outras disciplinas e com a formação esperada, atualizado, no nível de graduação e sempre dinâmico.

Permite, ainda, que se possa utilizar de estratégias ou técnicas mais variadas, pois não se terá sempre 50 minutos de uma aula ou 100 minutos de duas para transmitir o conteúdo necessário. Pode-se pensar em planejar técnicas que possam ser usadas durante duas ou três semanas, que são mais ricas, interessantes e motivadoras para os alunos, como as novas tecnologias de informação e comunicação, visitas técnicas, contatos com especialistas, estudos de caso e outras.

Planejar o conteúdo dessa forma permite que ele seja um dos elementos fundamentais para o desenvolvimento da aprendizagem dos alunos. Passar o conteúdo deixa de ser o objetivo primeiro e único dos docentes, para que a luta pela aprendizagem do aluno ocupe o lugar que lhe cabe na formação profissional dos jovens.

(10)
Processo de avaliação e processo de aprendizagem

O título deste capítulo já é uma mensagem. Os professores dizem que vão tratar da avaliação e de imediato não aparece referência à prova ou a outras técnicas avaliativas; em seu lugar surge a questão do processo de avaliação aliado ao processo de aprendizagem.

Como o leitor já percebeu, todo o livro está voltado para o processo de aprendizagem de alunos do ensino superior, e esse mote não poderia estar ausente quando se vai discutir a avaliação.

Com efeito, se os professores do ensino superior se dispusessem a fazer todas as alterações que defendem ao longo destas páginas, modificando suas aulas, utilizando novas tecnologias, selecionando conteúdos significativos, desenvolvendo um relacionamento adulto com a turma, pondo em prática uma mediação pedagógica, e ao final não alterassem a avaliação, ou seja, continuassem fazendo uma avaliação como em geral se faz nas instituições, em nada teriam adiantado todas as mudanças, pois para o aluno tudo continuaria sendo decidido nas provas e todo o trabalho inovador e participante durante o ano não teria tido nenhum outro valor. Esse comportamento seria o mesmo que colocar uma pá de cal sobre as inovações pedagógicas e mais uma vez perder a confiança dos alunos.

Essa reflexão inicial não é exagerada nem descabida, uma vez que o risco é muito grande. O autor deste livro já examinou uma pesquisa de mestrado que procurava demonstrar a validade do uso de tecnologias de informação e comunicação para aprendizagem de alunos do curso de matemática, porém, em determinados resultados, inesperadamente a hipótese não se confirmava. Discutindo com a mestranda, ficou claro que o problema viera da não adequação do processo de avaliação a todas as inovações que haviam sido realizadas.

Este capítulo será desenvolvido em duas partes: processo de avaliação (conceito e princípios norteadores) e técnicas avaliativas.

PROCESSO DE AVALIAÇÃO: CONCEITO E PRINCÍPIOS NORTEADORES

Este item fará o leitor refletir sobre o conceito de avaliação que os professores têm. Em geral, ele foi formado com base em experiências escolares, nem sempre gratificantes; mediante a observação de como faziam os professores; e pela imitação daqueles que, para nós, melhor avaliavam. E como é esse conceito?

$$AV = P + N \to A/R \to JA: \text{Avaliação} = \text{prova} + \text{nota}$$

Isso leva o aluno à aprovação ou à reprovação. Em qualquer situação o aluno se sente julgado (JA) pelo professor, de cujos critérios depende para "passar".

Se fosse perguntado aos alunos o que é avaliação, será que a resposta seria muito diferente da que foi apresentada anteriormente? Acredita-se que não. E se fosse perguntado qual dos elementos constantes da expressão acima é o mais importante, há dúvidas de que a resposta seria a nota? Basta lembrar das atitudes dos alunos quando não obtêm a nota para passar: "Professor, o que posso fazer para arredondar minha nota e passar de ano? Um trabalhinho? Outra prova? Uma nova série de exercícios?" Faz-se qualquer coisa para tirar a nota necessária para passar de ano.

Agora, se fosse feita a mesma pergunta aos professores – "O que você entende por avaliação? – a resposta seria diferente daquela dada pelos alunos? Alguns acham que sim. Um professor que, considerando-se 5 a nota mínima para aprovação, aprova alunos com nota 5,2 ou 5,4, e reprova com 4,8 ou 4,6, e se dispõe a discutir com o aluno porque foi 5,2 e não 5,5, 4,8 e não 5, 4,6 e não 5 está demonstrando ao aluno que ele também se orienta pela nota. E o que representa a nota para o professor? Mesmo que provenha das mais aperfeiçoadas fórmulas para calcular, a nota não representa senão o cômputo ou índice de acertos e erros que o aluno teve em uma, duas, três ou mais provas. Nada mais do que isso. E é o que o professor valoriza.

Caso contrário, professores que aprovam alunos com nota 5,3 e reprovam com 4,5 teriam dificuldades para responder à seguinte questão: qual a diferença entre aprendizagem e competência para o exercício da profissão, para a qual a disciplina ministrada colabora, entre um aluno que tirou nota 4,5 e outro que tirou 5,3, a tal ponto que um possa continuar seus estudos e outro deva repeti-los?

O que está faltando no conceito de avaliação expresso nas atitudes tanto de alunos como de professores? Está faltando o elemento que fundamenta a avaliação, que é a aprendizagem. Nem mesmo os alunos estão preocupados com aprender, pois o que lhes interessa é a nota. Quanto aos professores, estão interessados em que o aluno aprenda sua matéria, mas os instrumentos que utiliza para avaliar não levam em conta o processo de aprendizagem. Por exemplo, são provas ou trabalhos, em geral, voltados para medir informações que os alunos disponham em determinado momento, em circunstâncias de tensão, nervosismo, por vezes provocadas pelo próprio professor em alguns momentos durante o ano. Nem os demais aspectos importantes da aprendizagem, como competências, habilidades e atitudes, são avaliados, assim como o processo de desenvolvimento do aluno também não é acompanhado.

Na verdade, as atividades na escola acontecem em dois movimentos paralelos e não integrados. Um é o das atividades desenvolvidas durante a maior parte do tempo nas aulas ou em atividades extraclasse: este tem pouco ou nenhum valor quando se trata de avaliação, pois para nada é considerado. Outro é o movimento das provas, que acontece no menor espaço de tempo se for considerado o ano letivo, mas tem todo valor porque decide a aprovação ou reprovação.

E agora pergunta-se: em qual dos dois momentos ocorre o processo de aprendizagem? Só no primeiro? Só no segundo? Certamente nos dois momentos juntos, desde que estejam integrados, isto é, que a avaliação acompanhe o processo de aprendizagem, valorizando todas as atividades realizadas durante o período letivo, e as técnicas avaliativas sejam usadas para ajudar o aluno a aprender e não apenas para classificá-lo em situação de aprovação e reprovação.

Por isso, a seguir, reflete-se sobre o processo de avaliação de aprendizagem e de técnicas avaliativas.

O QUE SE ENTENDE POR PROCESSO DE AVALIAÇÃO DE APRENDIZAGEM EM UM CURSO SUPERIOR?

Na prática docente, seja pela cultura escolar, pelas experiências pessoais ou pela tradição dos cursos universitários, a avaliação traz consigo a ideia de nota, de poder, de aprovação ou reprovação, de autoridade, de classificação de alunos para os mais diversos fins.

Todos os professores querem que seus alunos aprendam, mas nem todos estão atentos a algumas características do processo de aprendizagem. Embora na teoria saibam que as pessoas são diferentes, não são homogêneas, que os ritmos de aprendizagem variam de um para outro e até mesmo no próprio indivíduo, dependendo de uma série de circunstâncias, na verdade agem de forma contraditória ao elaborar um plano para todo o grupo, sem flexibilidade para ritmos diferentes entre os alunos, para situações de erro, para dificuldades maiores na consecução dos objetivos. Quando se dão conta dessas questões, tratam-nas como problemas que aparecem quando não deviam e surgem para complicar as atividades docentes ou atrasar o programa.

A imagem que se tem de um processo de aprendizagem é semelhante a uma linha diagonal, em contínua ascensão, com movimento uniforme, sem obstáculos ou dificuldades, que se destina ao infinito. Percebe-se que esse processo de aprendizagem é ascensional e contínuo, mas sabe-se também que não se percorre tal caminho sem dificuldades, sem idas e vindas, e sim com muitos erros e correções, às vezes com certa lentidão ou de forma muito rápida. O movimento ascensional não é uniforme e sem obstáculos. E o que mantém o professor nesse processo? O que o incentiva a não se desanimar nessas situações? O que o acompanha nessa caminhada? É o processo de avaliação.

Esta é, com efeito, a primeira grande característica de um processo de avaliação: estar integrado ao processo de aprendizagem como elemento de incentivo e motivação para ela. É também a primeira diferença em nossa prática: os professores não estão acostumados a ver a avaliação como incentivo à aprendizagem, mas como identificadora de resultados obtidos.

A segunda característica decorre da primeira: como o processo de avaliação poderá incentivar e motivar o processo de aprendizagem? Pelo *acompanhamento do aprendiz em todos os momentos de seu processo de aprendizagem*, seja quando ele se desenvolve muito bem e alcança os objetivos esperados para aquela atividade proposta seja quando não conseguiu realizar a tarefa, não a concluiu, ou até a cumpriu, mas não atingiu o objetivo proposto e necessita de informações e orientações que o ajudem a completar o que faltou, refazer a atividade solicitada ou ainda realizar outra atividade que o ajude a aprender o que precisa.

Essa informação não poderá aparecer depois e apenas em forma de nota, pois esta não oferece as informações citadas anteriormente – deve surgir imediatamente e como informação descritiva, escrita ou oral, que permita o diálogo entre professor e aluno. Ao aluno, para perceber o interesse do professor pela sua aprendizagem e não apenas por melhorar sua nota; ao professor, para escolher a melhor orientação para aquele aluno ou aquele grupo.

Trata-se do *feedback* contínuo, presente em todas as fases do processo de aprendizagem, e não apenas nos momentos esporádicos de uma prova, seja ela mensal, bimestral ou semestral, pois, entre umas e outras, muita coisa se aprendeu, outras não, e muitas destas não foram e nem serão jamais recuperadas. Não é preciso dar exemplo disso, os professores são exemplos vivos.

Com essa característica, o processo de avaliação ganha uma dimensão diagnóstica porque permite verificar se a aprendizagem está sendo alcançada ou não, e o porquê; uma dimensão prospectiva quando oferece informações sobre o que fazer dali por diante para um contínuo reiniciar do processo de aprendizagem até atingir os objetivos finais; e uma dimensão de avaliação formativa enquanto acompanha o aprendiz durante todo o processo e em todos os momentos.

Insiste-se em que o processo de avaliação está integrado ao processo de aprendizagem. Este resulta da inter-relação de, pelo menos, três elementos: o aluno que procura adquirir aprendizagens; o professor, cujo papel é o de colaborar para que o aluno consiga seu intento; e um plano de atividades que apresente condições básicas e suficientes que permitam ao aprendiz atingir seu objetivo.

Assim sendo, o processo de avaliação que procura oferecer elementos para verificar se a aprendizagem está se realizando ou não deve conter em seu bojo uma análise não só do desempenho do aluno, mas também da atuação do professor e da adequação do plano aos objetivos propostos.

Deve-se avaliar o desempenho do aluno, isto é, se ele realiza ou não o que foi planejado e se o realiza adequada ou inadequadamente.

Tal afirmação questiona o modo de ser de muitos professores que, por sua experiência, se dizem capazes de identificar logo no início do curso, decorridas as primeiras semanas, os que "não querem nada com nada". E mediante essas primeiras impressões rotulam seus alunos e os classificam definitivamente em uma ou noutra categoria, permitindo que essa classificação condicione daí para a frente seu relacionamento com eles.

E as consequências desses julgamentos *a priori* são bem conhecidas: os alunos considerados bons ou sérios têm praticamente garantida sua aprovação, porque até mesmo seus erros ou suas faltas serão relevados, e os considerados malandros ou que "não querem nada com nada" terão de lutar e muito contra uma reprovação quase certa.

A afirmação questiona também outra atitude de professores que afirmam ser capazes de julgar ao final do semestre ou do ano quais alunos devem ser aprovados ou reprovados, analisando "no conjunto", de modo geral, seu aproveitamento do curso ministrado.

Quando se fala que o processo de avaliação deverá estar voltado para o desempenho do aluno, quer-se dizer que é importante acompanhar o desenvolvimento pelo desempenho concreto em cada uma das atividades e procurar o máximo de objetividade para colaborar com a evolução dele em direção aos objetivos.

Mais uma vez: não se trata de ter uma ideia geral sobre o aluno para lhe dar uma nota e, então, aprová-lo ou não. Trata-se de saberem, o professor e o aluno, se as atividades propostas foram bem executadas pelo aluno e se isso o ajudou de fato a crescer e aprender. Na segunda hipótese, o que esse aluno, considerado bom ou mau, deverá fazer para aprender o que lhe foi proposto.

Deve-se avaliar o desempenho do professor. Não se trata de certos tipos de avaliação de professores que são realizados no final de semestre ou de ano, quando instituições ouvem os alunos com o objetivo de decidir sobre a continuidade do contrato do professor. Também não se trata daquelas avaliações dos professores por ocasião do final da matéria, mas antes de dar as notas, querendo ouvir os alunos sobre sua disciplina e sua atuação como educador. Essa situação é constrangedora para os alunos.

Refere-se a uma situação de avaliação do desempenho do professor dentro do processo de aprendizagem. Isso quer dizer que o professor deve buscar informações com a classe sobre as ações, atitudes e comportamentos que ele tem perante os alunos individualmente ou em grupos e que estão colaborando ou não para o processo de aprendizagem. A avaliação não é para saber se o professor é "bonzinho", se é "legal", se "bate-papo na hora do intervalo", se é simpático, se "topa brincadeiras" etc. A avaliação deve incidir sobre as ações que o professor vem realizando em classe ou fora dela, as quais ajudam ou não os alunos em seu processo de aprendizagem. Essa é a informação de que o professor precisa para refletir sobre como melhorar sua colaboração como docente.

Com efeito, muitos casos de não aprendizagem se explicam não por um desempenho inadequado do aluno, mas por falta de preparação do professor, sua improvisação, falta de planejamento e de flexibilidade na aplicação de um plano, textos muito longos e em grande quantidade ou muito complexos, desconhecimento ou não aplicação de técnicas pedagógicas adequadas aos objetivos propostos.

Por isso, há necessidade de avaliar as ações do professor. Sugerem-se avaliações duas vezes em cada semestre, com um intervalo de mais ou menos dois meses entre elas, de forma que as sugestões de mudança possam ser viabilizadas ainda naquele semestre.

Pode-se organizar uma técnica em que os grupos se misturem duas vezes, na ausência do professor, para que tenham maior liberdade de expressão e se sintam mais à vontade. Não interessa ao professor saber "quem disse o quê" sobre suas ações, mas quais informações podem ser trazidas para ajudá-lo a melhorar seu desempenho perante aquele grupo específico. Com essas informações, dialoga-se com os alunos para verificar o que é possível e necessário ser alterado.

Deve-se avaliar a adequação do plano estabelecido. Mesmo quando o plano do curso é feito com os alunos, sua implementação pode trazer dificuldades, por exemplo, com as técnicas escolhidas, textos selecionados, organização das atividades, conteúdo proposto, processo de avaliação instituído de fato, cronograma estabelecido. Quando fatos como esses e outros semelhantes se sucedem, o não aproveitamento no processo de aprendizagem por parte dos alunos acontece, não por responsabilidade ou alguma deficiência do aluno, mas por questões do próprio programa, que necessita de urgente modificação.

Sugere-se, assim como se fez com a avaliação de desempenho do professor, que durante o semestre se proceda a uma avaliação do programa a cada dois meses, ouvindo os alunos e com eles debatendo sobre como o programa está favorecendo a aprendizagem ou as dificuldades que ele vem apresentando para verificar as possíveis mudanças necessárias ainda para aquela turma.

Essa observação é cabível porque muitos professores fazem tal avaliação ao final do semestre ou do ano, colhendo informações para planejar a disciplina para o próximo ano. A atitude é louvável. O risco que se corre é que as observações feitas por uma turma podem não valer para outra, já que os grupos são muito diferentes. Daí a necessidade de usar as informações para alterações possíveis nas atividades com a mesma turma que as apresentou.

O processo contínuo de avaliação deverá contar com a *hetero* e a *autoavaliação*. Heteroavaliação quando se recebem informações de outras pessoas que colaboram para o desenvolvimento do processo de aprendizagem. Estas podem ser o próprio professor, os colegas de turma em atividades coletivas, profissionais ou especialistas quando em visitas técnicas, sites programados etc.

Entende-se por autoavaliação a capacidade das pessoas de se darem conta de seu processo de aprendizagem e serem capazes de oferecer a si as informações necessárias para desenvolver sua aprendizagem, capacidade que exige o desenvolvimento de habilidades como a de observar a si mesmo, comparar e relacionar seu desempenho com os objetivos propostos, além de atitudes como honestidade pessoal para reconhecer tanto seus sucessos como suas falhas, evitando as tradicionais desculpas.

Isso está muito longe do que, em geral, se pensa ou às vezes até se faz com o nome de autoavaliação: entregar uma folha de papel em branco para que o aluno se atribua uma nota em tal disciplina, nota esta que será levada em conta quando o professor for dar a nota definitiva.

Fala-se de informações para aprendizagem. Trata-se de uma atividade que, para ser realizada com eficácia, supõe a existência de um clima de cooperação e confiança entre professor e aluno, mas se constitui em um dos instrumentos mais preciosos para que o aprendiz tome consciência do processo de aprendizagem e assuma sua participação nele.

Em geral, os alunos não sabem se autoavaliar. Eles precisam aprender. Para isso, é necessária orientação para as primeiras vezes. Aprendem na terceira ou quarta autoavaliação. Sugerem-se de duas a três autoavaliações por semestre.

Como orientar as primeiras autoavaliações? Deixar bastante claro para os alunos que devem identificar os seguintes pontos na redação da autoavaliação:

- Os objetivos que deveriam ter sido aprendidos até aquele momento da autoavaliação.
- Atividades realizadas e *feedbacks* do professor ou dos colegas quais dos objetivos foram alcançados.
- O que em seu trabalho e em seu envolvimento pessoal facilitou a consecução dos objetivos.
- O que em seu trabalho e em seu envolvimento pessoal impediu ou dificultou a consecução dos demais objetivos.
- Que outras aprendizagens adquiriu além daquelas previstas.
- Que sugestões tem para melhorar seu envolvimento e sua participação na próxima unidade.

Mesmo com essas orientações ou com outras semelhantes, percebe-se que o aluno dificilmente conseguirá fazer uma autoavaliação na primeira oportunidade. Nesta, em geral, ainda vai prevalecer uma avaliação das aulas, do curso, dos colegas, do grupo, do professor, menos dele próprio. Sugestão: lê-se a autoavaliação e pede-se que seja refeita caso não se constitua como tal. Só assim ele vai aprendendo.

O *processo de avaliação precisa ser planejado*. Não poderá acontecer seguindo a inércia da marcação de provas pelo professor ou pela instituição que obedecem apenas a um cronograma, sem nenhuma relação com o processo de aprendizagem. Não se pode continuar com dois processos paralelos: um de aprendizagem e outro (independente) de avaliação.

De que critérios deve-se lançar mão para planejar a avaliação? Embora a resposta possa parecer óbvia, vale a pena alguma consideração.

Com efeito, se é feito um trabalho para aprender e a aprendizagem se corporifica em objetivos educacionais a serem alcançados, precisa-se saber se esses objetivos foram alcançados. Consequentemente, esses serão os critérios que orientarão o professor para planejar a avaliação.

São os objetivos que dizem "o que avaliar", "de que forma avaliar", "qual instrumento ou técnica utilizar para avaliar", "o que registrar e de que forma", "como discutir o aproveitamento da atividade" e "qual o encaminhamento" a ser combinado com o aluno tendo em vista o reiniciar do processo de aprendizagem.

A clareza sobre os objetivos a serem alcançados e o método de avaliação é de fundamental importância para aluno e professor para lhes oferecer segurança quanto ao comportamento de ambos: o aluno sabendo aonde deverá chegar e os passos que deverá percorrer para isso; o professor sabendo quais as aprendizagens a serem obtidas pelo aluno e os referenciais pelos quais poderá perceber se de fato foram ou não atingidas.

Em todo processo de avaliação requer-se uma capacidade de observação e de registro por parte do professor e, se possível, por parte do aluno também. Como já explicitado, o processo de aprendizagem é dinâmico e, em geral, ascendente em direção aos objetivos propostos. Não se trata de um movimento ascendente linear. Ele se compõe também de desvios e retrocessos. Todavia, sempre exige, por parte do professor, uma cuidadosa observação (e sabe-se que essa é uma habilidade que precisa ser aprendida), sobretudo quanto ao que se relaciona com a aprendizagem, bem como uma troca de ideias entre ele e o aluno para encaminhamento posterior, que tanto poderá servir para que o aluno se desenvolva mais e com maior rapidez, como para que ele ou o professor corrija determinadas falhas em seus desempenhos, ou o plano seja mais bem adaptado.

Essas observações precisam ser transformadas em registros que permitam ao professor ter dados concretos sobre o desenvolvimento de cada aluno e condições para encaminhar uma entrevista ou um comentário por escrito a ele procurando orientá-lo individualmente ou em grupo, de forma concreta, objetiva e direta.

Sem um registro que possa ser manuseado rapidamente e com confiabilidade, não será possível ter os dados necessários para orientação e corre-se o risco de fazer somente aquele comentário geral que permite, sem nenhuma complexidade, dar uma nota a todos.

Com efeito, a ausência de registro:
- fará com que os encaminhamentos e as orientações tendam para generalidades que tanto podem servir para todos os alunos como para ninguém;
- impedirá de, como professores, dar orientação precisa para que cada aluno possa corrigir suas falhas e aprender;
- dificultará a percepção da dinâmica do processo de aprendizagem dos alunos.

Os dados registrados constituirão o banco de dados que dará o caráter de objetividade à avaliação.

E *como fica a questão da nota nesse processo?* A nota, o conceito (A, B, C), aprovado e não aprovado, sempre estarão presentes nas instituições de educação. A existência desses símbolos não é problema. A questão é definir o que eles de fato devem representar.

Se o significado for apenas o índice de acertos e erros que o aluno teve em uma ou diferentes provas ou trabalhos e sua média, sem dúvida não se colocam de modo coerente com os princípios que se desenvolvem e defendem a respeito do processo de avaliação.

A nota ou o conceito deverá simbolizar o aproveitamento que o aluno teve em todo o seu processo de aprendizagem. Significa valorizar todas as atividades realizadas durante o processo de forma que a prova mensal ou bimestral não seja a única ou a mais importante para definir a nota, pois no momento em que isso ocorrer automaticamente se desvalorizarão as demais atividades que são fundamentais para a aprendizagem.

As sugestões oferecidas para ao mesmo tempo atribuir uma nota ou outro símbolo à aprendizagem e valorizar todo o processo são duas.

A primeira é pontuar todas as atividades realizadas, incluindo-se as provas mensais ou bimestrais, mas como uma das atividades com valores semelhantes aos de outras, e mediante essa pontuação chegar a uma nota ou um conceito. Essa sugestão já é usada por vários professores com resultados positivos. Pessoalmente, o autor não foi feliz trabalhando dessa forma. Seus alunos não se desprenderam do conceito de nota e continuaram a calculá-la e estudar em função dela. Ele não conseguiu que os alunos se interessassem por aprender.

A segunda é a que melhor se adaptou ao trabalho dele. Organizou a disciplina em três ou quatro unidades de trabalho por semestre. Para cada uma definiu claramente os objetivos a serem alcançados, combinou as atividades e estratégias que iria realizar, selecionou os conteúdos e acenou como seria o processo de avaliação. Cada atividade merecia um comentário descritivo por escrito ou oralmente, do professor ou dos colegas, acerca de os objetivos estarem sendo alcançados ou não, e se o diagnóstico fosse negativo imediatamente se apresentavam sugestões de como corrigir ou nova oportunidade para refazer o que havia sido pedido. Os *feedbacks* seriam sempre voltados para o crescimento ou não do aluno e para novas oportunidades de aprender. Ao final de cada unidade, professor e alunos têm consciência se os objetivos daquela unidade foram atingidos ou não.

No término do bimestre ou do semestre, conforme exigência da instituição, o autor fechava a avaliação com a autoavaliação dos alunos, desde que eles já tivessem aprendido a realizá-la bem. Juntos, faziam uma descrição de como se desenvolveu o processo de aprendizagem durante aquele período e buscavam uma nota ou um conceito que representasse o que foi aprendido. Na experiência dele, poucos foram os casos em que tal processo não deu certo. Na sua quase totalidade, os resultados foram satisfatórios.

TÉCNICAS AVALIATIVAS

Após as considerações sobre o conceito e processo de avaliação, surge invariavelmente uma pergunta: como colocar tais princípios em prática? Um dos caminhos é *o uso correto das técnicas avaliativas.*

Como visto anteriormente, técnica é um instrumento e como tal precisa estar adequada a um objetivo determinado e ser eficiente em sua colaboração. Como a avaliação é um processo em função da aprendizagem, deduz-se que os objetivos da aprendizagem são os que definirão as técnicas avaliativas. Como os objetivos educacionais são diversos, várias e diferentes também serão as técnicas necessárias para avaliar se a aprendizagem está sendo obtida ou não. Sabe-se que são inúmeras as técnicas de avaliação que estão à disposição. Algumas delas devem ser comentadas, talvez as mais usadas, para seu funcionamento ser analisado.

Técnicas para avaliação de aprendizagem cognitiva

Para poder oferecer um *feedback* aos alunos no que diz respeito ao seu desempenho na área cognitiva, costumam-se usar as seguintes técnicas:

1. Prova discursiva ou dissertação

Conceituação: o professor apresenta questões, perguntas ou temas para serem respondidos ou discorridos pelo aluno com grande liberdade ou espontaneidade. O estudante livremente formulará, organizará, abreviará ou ampliará as respostas ou dissertações. A única restrição à resposta está no verbo constante das restrições: compare, confronte, identifique, apresente argumentos a favor e/ou contra, dê exemplos, relacione, sintetize, defina, critique, sugira etc.

Avalia: cabedal de conhecimentos; lógica nos processos mentais; justificação de opiniões; capacidade de síntese; capacidade de selecionar, relacionar e organizar ideias; clareza de expressão; soluções criativas; atitudes, preferências.

Limitações: mediante várias pesquisas realizadas, sabe-se que a subjetividade influencia muito na avaliação de provas desse tipo; número restrito de questões abrangendo uma amostra limitada de matéria; pela sua aparente facilidade de preparação, favorecem a improvisação por parte do professor; em geral, só há *feedback* para o aluno se sua resposta estava certa ou errada, perdendo-se a riqueza de encaminhamentos sobre outros aspectos da aprendizagem que ela poderia medir.

2. Prova oral, entrevista

Conceituação: a prova oral constitui-se de perguntas e respostas orais. As perguntas em geral são previamente planejadas e rigidamente seguidas, podendo, no entanto, sofrer variações de acordo com as respostas do aluno. Com base nestas, o professor pode avaliar até que ponto aconteceu a aprendizagem do aluno no que diz respeito ao conteúdo estudado. Permite, ainda, avaliar a capacidade do aluno de se expressar oralmente.

Avaliação: profundidade e extensão dos conhecimentos; opiniões, julgamentos, apreciações, tendências; habilidades de se expressar oralmente.

Limitações: grande grau de subjetividade ao se atribuir uma nota; as incompatibilidades e a empatia entre examinador e examinando exercem papel importantíssimo; as reações dos alunos são contraditórias: há os que ficam totalmente bloqueados e os que se sentem perfeitamente à vontade, o que influencia o comportamento e as respostas deles; seu valor está nitidamente relacionado com a aptidão de quem a conduz.

3. Prova com consulta

Trata-se de uma técnica que, por não ser bem compreendida, não é usada adequadamente. Confunde-se "prova com consulta" com "prova com possibilidade de usar material para responder às perguntas". Técnica que coloca o aluno em uma situação profissional simulada. Traz para a graduação a situação que se vive na profissão quando se é consultado para dar uma assessoria e é necessário tempo para pesquisa, estudos e análises antes de oferecer uma resposta esperada.

A prova com consulta sempre consiste em uma situação-problema que o aluno é incapaz de resolver imediatamente com seus próprios conhecimentos. Após pesquisar, estudar, deverá apresentar uma solução para o problema, a justificativa teórica da solução apresentada, e demonstrar as fontes usadas para sua pesquisa.

O *feedback* incluirá informação sobre a solução apresentada, uma análise da fundamentação teórica, e o que é mais específico dessa técnica: informação sobre a qualidade das fontes usadas. Aliás, essa é a informação mais importante nessa técnica.

O tempo para aplicação dessa técnica é de uma ou duas semanas de trabalho fora de sala de aula. Em nada se parece com o que em geral se faz e chama de prova com consulta: permite-se a consulta de material para responder às perguntas de uma prova discursiva em um espaço de duas ou quatro horas.

4. Prova com teste de múltipla escolha

Essa técnica é muito usada por professores devido à facilidade e ao tempo relativamente curto para sua correção. Tem por objetivo avaliar a compreensão de todos os conceitos e teorias de uma área relativamente extensa. Não se dispõe de outro recurso para avaliação. No entanto, para que ela seja eficiente e eficaz precisa ser elaborada por quem domina a arte de sua construção, que não é simples. Supõe um grande planejamento dos conceitos a serem avaliados, das alternativas a serem usadas (que serão outros conceitos), diminuir o grau de aleatoriedade dela (que chega a 20%) e criar algumas questões controladoras de outras. Enfim, não é fácil de ser construída, mas se bem-elaborada pode ser um ótimo recurso de avaliação de conhecimentos do aluno.

5. Prova com questões de lacunas

Essa técnica pode ser usada, por exemplo, após uma aula expositiva, palestra ou conferência, estudo teórico feito quando se quer avaliar o grau de compreensão e fixação do conteúdo por parte dos alunos. São apresentadas frases incompletas cujo espaço em branco pode ser preenchido por uma única interpretação. Uma vez preenchidas, as respostas são discutidas em plenário para que todos os alunos possam conferir o que já compreenderam.

Uma variante dessa técnica é a prova constituída de *questões falso ou verdadeiro*, que servem para medir a identificação de relação de causa-efeito, a distinção de opiniões, de conhecimentos de fatos específicos. Constroem-se afirmações que deverão ser qualificadas pelos alunos como falsas ou verdadeiras em um primeiro momento. Posteriormente, podem-se debater as questões. Atualmente, essa técnica serve apenas para uma informação rápida sobre a compreensão de um assunto.

6. Estudo de caso

Essa técnica tem por objetivo avaliar o conhecimento e sua aplicação a determinada situação-problema. Com efeito, em um estudo de caso, o aluno deverá resolver a situação apresentada e fundamentar teoricamente sua decisão. Trata-se de demonstrar que possui os conhecimentos dele esperados e sua aplicação correta na situação indicada. Cabe aqui também o chamado caso clínico, que em geral é uma situação real para ser analisada e realizada.

Os estudos de caso podem servir também para avaliar habilidades e atitudes, dependendo dos objetivos propostos para ser aprendidos por meio deles.

7. Trabalhos e monografias

Por último, é muito comum que professores usem trabalhos e monografias como técnicas para avaliar os conhecimentos dos alunos. Trata-se de uma técnica interessante e adequada, que permite ao aluno desenvolver várias aprendizagens.

Com efeito, escrever um trabalho ou monografia exige que o aluno aprenda a buscar informações que se completem, fichá-las, compará-las, analisá-las, criticá-las, trazer teorias e conceitos que ampliem suas informações que por vezes se contradizem, exigindo aprofundamentos maiores.

Organizar essas informações em um texto que tenha introdução, desenvolvimento do pensamento e do argumento, que explicita o tema estudado, e conclusão é a nova aprendizagem.

A redação final do texto, com as características de clareza e lógica de pensamento, coerência na argumentação, correção de linguagem e apresentação estética, complementará a aprendizagem do aluno nessa atividade.

Como se percebe, o aluno não tem condições de fazer sozinho todo esse trabalho. Se não puder contar com a orientação do professor em cada parte e no todo, ele não conseguirá concluir a tarefa. O acompanhamento do professor é tão necessário como o que foi descrito anteriormente no capítulo sobre a técnica de ensino com pesquisa.

Esse acompanhamento por parte do professor é fundamental para que se evitem situações um tanto frequentes, quando o professor reclama que o aluno copiou o trabalho de seu colega ou da internet, que o aluno não sabe fazer um trabalho etc. Estas situações acontecem quando o professor "manda o aluno fazer um trabalho para entregar depois de duas semanas, um mês ou dois meses" e não acompanha sua confecção.

TÉCNICAS PARA AVALIAÇÃO DE APRENDIZAGEM DE HABILIDADES

1. Observação

É a técnica mais usada quando se quer dizer ao aluno se ele já é capaz de usar o conhecimento adquirido em situações profissionais. Essa observação acontece em aulas práticas, atividades profissionais simuladas, laboratórios, visitas técnicas, estágios, clínicas. O professor acompanha o aluno no momento de sua ação, podendo observá-lo e lhe dar *feedback* adequado em tempo real e de forma oral. Permite o diálogo, o debate, os esclarecimentos, as correções e os aperfeiçoamentos.

A observação sempre exige um roteiro. O interessante seria construí-lo com a colaboração dos alunos para que tenham clareza do que se está avaliando e registro das observações que permita clareza, concretude, objetividade nas informações e consequente possibilidade de diálogo com eles. Comentários gerais sem indicação precisas do ponto a ser corrigido ou aperfeiçoado, não surtem efeito de aprendizagem nem permitem diálogo com os alunos.

2. Lista de verificação (ou *check-list*)

Conceituação: trata-se de uma lista de palavras, frases ou parágrafos que descrevem aspectos específicos de comportamento a serem verificados durante a observação do trabalho de um aluno.

Avalia: a presença ou ausência de determinadas habilidades observadas no desempenho concreto do aluno. Por exemplo, em

um estágio do curso de medicina, o professor pretende avaliar o desempenho de seus alunos quanto à habilidade de realizar um exame físico no paciente e de se relacionar com ele. A seguinte lista de verificação foi utilizada:
- sequência exigida no exame físico;
- técnica estudada de percussão;
- técnica estudada de palpação;
- paciente tranquilizado quando do exame físico;
- dar oportunidade ao paciente de fazer perguntas;
- ouvir as respostas do paciente;
- indicação do que o paciente deve fazer em seguida.

Limitações: lista que deverá ser utilizada continuamente durante um lapso de tempo significativo. Caso contrário, os comportamentos serão adotados somente no período de observação e, a seguir, abandonados. Trata-se, portanto, de um exemplo claro de como avaliação e aprendizagem se integram no mesmo processo, levando o aluno a um aperfeiçoamento gradual.

3. Prova prática

Conceituação: são as provas que requerem equipamentos, laboratórios, máquinas, enfermarias, atividades de campo, salas de aula, escritórios-modelo, situações simuladas etc. É quando os alunos devem agir mostrando aquisição de conhecimentos e habilidades motoras e intelectuais para uso dos equipamentos necessários e desempenho adequado das tarefas ou atividades propostas.

4. Diário de curso

Consiste no registro diário e conciso das atividades realizadas pelo aluno, descrevendo-as e criticando-as: seu relacionamento com os objetivos propostos, a forma de sua apresentação, as reações do aluno sentiu e quaisquer outras reações referentes aos colegas, ao professor ou à turma como um todo; e tudo o mais que achar pertinente registrar. Alguns professores lhe dão mais a característica de registro de pequenas descobertas ou *insights* que ocorreram durante o dia em termos de seu estudo, de sua pesquisa, de sua vivência na escola. A comunicação dessas observações aos alunos poderá ajudá-los a desenvolver melhor sua aprendizagem.

TÉCNICAS PARA AVALIAÇÃO DE APRENDIZAGEM DE ASPECTOS AFETIVOS

Praticamente as técnicas explicadas anteriormente, no item 1 do tópico anterior, sobre a observação e suas derivações servem para avaliar o crescimento afetivo e emocional dos alunos em aula.

TÉCNICAS PARA AVALIAÇÃO DE AQUISIÇÃO DE ATITUDES E VALORES

Pode-se contar com as mesmas técnicas descritas anteriormente, como diário de curso, estudo de caso, entrevista, trabalhos ou monografias, para oferecer *feedback* aos alunos quanto ao desenvolvimento de atitudes e valores.

(11)

Planejamento de uma disciplina como instrumento de ação educativa

Quando se realizam atividades de formação pedagógica com professores do ensino superior (como palestras, seminários, minicursos e outras), é muito comum que ao término delas os participantes interroguem os docentes sobre como fazer para colocar aquelas ideias debatidas em prática.

A tal questionamento costuma-se responder que um dos caminhos é fazer um bom planejamento da disciplina.

Sabe-se que todos os professores fazem seu planejamento. Infelizmente, porém, essa atividade está carregada de sentido burocrático, ou seja, um documento a mais que se tem de fazer para entregar na secretaria, que não tem outro destino senão uma das gavetas do setor. Tal situação explica o fato de vários professores simplesmente mudarem as datas e apresentarem o mesmo plano do ano anterior, tendo assim cumprido sua obrigação.

1. *Por essa razão, deseja-se que a primeira reflexão seja com relação ao planejamento como instrumento de ação educativa.*
O professor, ao planejar sua disciplina, estará consciente de que colabora para a formação de um profissional competente e cidadão corresponsável pela melhoria das condições de vida da sociedade. Com sua disciplina, contribui para a formação de jovens e investe em uma formação com reflexos projetivos para os próximos 10, 15 ou 20 anos. Trabalha-se para a nova, presente e futura geração, ou seja, a atividade docente em uma disciplina do ensino superior não é só técnica. É profundamente educativa. As repercussões de um planejamento bem ou malfeito se estendem para além de uma sala de aula, de um semestre de aula perdido em um histórico escolar. Colaborará ou não para a educação dos jovens.

2. *O que se entende por planejamento de uma disciplina? Organização ou sistematização das ações do professor e dos alunos tendo em vista a consecução dos objetivos de aprendizagem estabelecidos.*
Nessa conceituação, vale a pena destacar: trata-se de *organização de ações*, isto é, do que se vai realmente fazer e não só do que se pretende fazer. Não se trata de intenções. Estas pouco têm levado a realizações.

A sistematização diz respeito a *ações do professor e dos alunos*. Ambos são integrantes e participantes do processo de aprendizagem. É costume que o professor, ao planejar sua disciplina, pense nas atividades que ele vai realizar, deixando que as ações dos alunos corram na sequência das suas. Como se entende que os alunos são sujeitos de seu processo de aprendizagem, a eles também cabe realizar atividades próprias que precisam ser planejadas.

O planejamento da disciplina faz-se em função de objetivos educacionais a serem alcançados, e não unicamente em razão dos conteúdos a serem transmitidos.

3. *O planejamento de uma disciplina não pode ser considerado uma camisa de força, que tira a liberdade de ação do professor. Ao contrário, um planejamento traz consigo a característica da flexibilidade. Qualquer plano, para ser eficiente, precisa ser flexível e adaptável a situações novas ou imprevistas.*

Pode-se considerar que o planejamento de uma disciplina desenvolve-se em quatro fases.

- Levando em conta o papel da disciplina na formação do profissional em foco, os planos anteriores, as experiências do professor, as avaliações de cursos anteriores e o currículo organizado, o docente, algum tempo antes de iniciar o novo curso, prepara um plano ideal para sua disciplina.
- No primeiro dia de aula, é fundamental que o professor faça as adaptações a esse plano, de acordo com as necessidades e expectativas da turma que vai iniciar a disciplina. Usando técnicas de primeiro encontro, já explicadas no Capítulo 8, o professor procurará motivar os alunos a se interessar por sua matéria, conhecer suas expectativas, que relação fazem dessa disciplina com sua futura profissão, que informações já possuem a respeito dela, por que não estariam motivados, as técnicas utilizadas e como será o processo de avaliação. Essa fase é de capital importância: sua ausência é responsável por grande parte dos fracassos dos planos de disciplina, pois, em sua grande maioria, a aplicação direta do plano ideal tem condições de ser ajustada à realidade de toda e qualquer turma.

- A terceira fase é a implementação do novo plano adaptado com o acompanhamento de um processo de avaliação que se permita verificar de tempos em tempos (de dois em dois meses, por exemplo) se está adequado para colaborar com o processo de aprendizagem ou ainda necessita de novos ajustes.
- A quarta e última fase é o recolhimento de todas as informações obtidas durante esse processo, a organização destas e a análise do acontecido, preparando-se já para o novo planejamento da disciplina para o próximo período letivo.

4. *O plano de uma disciplina atende à outra necessidade: trata-se de um documento de comunicação:*
- Entre professor e alunos. O plano da disciplina passa a ser um instrumento de trabalho e um documento de compromisso com a aprendizagem. Nele, tudo está claro e combinado entre professor e alunos, permitindo que todos possam se orientar com segurança para os objetivos a serem perseguidos.
- Entre o professor responsável por uma disciplina e seus colegas de disciplina ou departamento, o chefe de departamento ou de disciplina, e os diretores da instituição. É a forma de mostrar a orientação que o docente dá a seu trabalho, permitindo uma intercomunicação com os demais colegas. Tal contato permite evitar duplicação de programações, chegar a uma possível integração de disciplinas, bem como evitar que conhecimentos essenciais deixem de ser tratados pelo fato de nenhum professor ter-se proposto a tal.
- Entre os docentes de outras disciplinas que são lecionadas no mesmo semestre e para a mesma turma, abrindo a possibilidade de atividade em conjunto e até mesmo de iniciativas de interdisciplinaridade.

COMPONENTES DE UM PLANO DE DISCIPLINA

Todo plano de disciplina se organiza com os seguintes itens: identificação, objetivos (ementa), ementa, conteúdo programático, técnicas, avaliação, bibliografia e cronograma.

1. Identificação

Na forma de cabeçalho, indica ao leitor de que plano se trata, a quem se dirige e em que balizamentos é definido. Por exemplo:

> Data: (semestre e ano civil)
> Nome da instituição:
> Nome da faculdade:
> Nome do curso:
> Nome da disciplina:
> Nome do professor responsável:
> Período letivo:
> Turno: (M) (V) (N)
> Nº de alunos por classe:
> Carga horária da disciplina:
> total por semestre:
> número de horas para as aulas teóricas:
> número de horas para as aulas práticas:
> total de aulas por semana:
> distribuição das aulas nos dias da semana:

2. Objetivos (ementa)

No plano, os objetivos devem estar bem definidos e compreender as áreas de conhecimento, de habilidades, afetiva e de valores ou atitudes, conforme se estudou no Capítulo 3.

Deve-se indicar com clareza o que os alunos deverão aprender como consequência de seu desempenho adequado nas atividades daquela disciplina. Se esses objetivos não estiverem bem definidos e colocados no plano, corre-se o grande risco de, no dia a dia, professor e alunos se preocuparem apenas com o conteúdo da matéria.

São os objetivos que vão nortear a escolha dos métodos e das técnicas, os conteúdos e as práticas avaliativas da aprendizagem do aluno.

Em um plano, os objetivos precisam se revestir de algumas características:
- ser reais e atingíveis;
- ser operacionalizados, definidos em termos concretos de comportamento, ações ou atividades que se esperam dos alunos, por exemplo: aprender a coletar, organizar e comunicar as próprias informações; aprender a identificar problemas essenciais, a trabalhar em equipe e a adquirir conhecimentos específicos;
- representar as necessidades do indivíduo que aprende, quando são levadas em conta as motivações e aspirações do aluno com aquelas do professor e do currículo;
- representar as necessidades da comunidade, quando se consideram as características da sociedade contemporânea, a necessidade daquela profissão na sociedade e o tipo de profissional que ela está exigindo.

Segundo a redação dos objetivos, podem-se apresentar algumas sugestões que facilitam a organização do plano, tendo em vista a aprendizagem.
- Sugere-se que o plano de um semestre seja organizado em quatro ou no máximo cinco unidades de trabalho, com duração de quatro a cinco semanas cada uma. Um tempo maior que uma ou duas aulas por unidade permitirá trabalhar

com temáticas mais amplas que favoreçam a integração do conhecimento e com o uso de técnicas mais ricas para a aprendizagem, que envolvam, inclusive, atividades extraclasse, como visto no Capítulo 8.

Cada unidade deverá explicitar os objetivos a ser alcançados naquele tempo, o conteúdo trabalhado, a bibliografia usada, os recursos pedagógicos (técnicas) previstos e a avaliação (técnicas e critérios) bem definida.

- Os objetivos de uma disciplina deverão ser planejados para ser alcançados no seu decorrer. Por isso, não se deve esperar que todos sejam obtidos na primeira unidade nem colocar todos para ser trabalhados na primeira unidade. Ou, ainda, repeti-los todos em todas as unidades, o que tornaria o estudo maçante, repetitivo e ineficiente. Os objetivos de uma disciplina deverão ser organizados em pequenos grupos e trabalhados assim em cada unidade. Nada impede que determinados objetivos, pela sua importância ou dificuldade de aprendizagem, venham a ser repetidos em mais de uma unidade.

3. Ementa

Em muitos planos, exige-se a ementa, que, para a maioria dos professores, é o resumo do conteúdo do plano da disciplina. Para o autor deste livro, a ementa deverá explicitar os objetivos de uma disciplina, o que se pretende que os alunos aprendam; e, por isso, ela se confunde com os objetivos do plano. Se o professor tiver os objetivos bem definidos, não haverá necessidade de ementa e vice-versa.

4. Conteúdo programático

Neste item, colocam-se os assuntos e temas que serão estudados em uma unidade de aprendizagem e que estejam em consonância com os objetivos a ser alcançados. O conteúdo deve colaborar para a aprendizagem esperada, não correr em paralelo ao restante do curso. Com o tema, as sugestões de leituras e/ou pesquisas deverão ser feitas. Nessa indicação, deve-se ser muito preciso com relação ao artigo, ao capítulo, ao site, à revista ou ao livro que será consultado, pois serão materiais usados em aula para as atividades previstas. Desaconselha-se a indicação de extensa lista de material a ser lido ou consultado para a aula, pois sabe-se que os alunos não têm tempo para isso e, de fato, o material não será todo usado naquela aula. Depois de estudado o assunto, indicar bibliografia complementar é louvável e necessário.

Para organizar o conteúdo, devem-se usar as sugestões apresentadas no Capítulo 9.

5. Técnicas

Esse item do plano deve espelhar as técnicas e estratégias que o professor escolheu tendo em vista os objetivos esperados. Lembrar que, como certamente existirão objetivos de ordem cognitiva, de habilidades, de afetividade e de atitudes ou valores a serem aprendidos, será preciso escolher várias técnicas, pois uma só não dará conta de todos eles – talvez uma técnica complexa que possa, em suas diversas partes, ajudar o aluno a atingir vários objetivos, por exemplo, a técnica do estudo com pesquisa, ou do painel integrado, como visto no Capítulo 8.

O Capítulo 8 poderá ser consultado para planejar o item das técnicas ou estratégias, pois a variação é muito importante para, até mesmo, motivar o aluno.

6. Avaliação

É preciso cuidar com muita atenção desse tópico do plano de disciplina, porque em muitas instituições as provas são marcadas pela direção, de acordo com determinado calendário ao qual os professores devem se submeter, e ainda porque, para outros professores, parece não haver necessidade de se preocupar além de fazer a prova em um dia preestabelecido.

Conforme visto no Capítulo 10, planejar bem a avaliação é condição básica de sucesso para uma melhoria da qualidade de aprendizagem na graduação. No plano é preciso, em cada unidade, estabelecer de forma clara, por exemplo, de que forma e com quais técnicas se acompanhará o processo de aprendizagem naquela unidade. Quais instrumentos serão utilizados para oferecer o *feedback* necessário para as diversas atividades programadas?

Esses instrumentos e técnicas poderão ser selecionados pelas sugestões do Capítulo 10, pois deverão ser adequados aos objetivos que se pretende avaliar.

7. Bibliografia

Como comentado anteriormente, quando se fala sobre os conteúdos da unidade, a bibliografia em um plano de disciplina deverá ser compreendida por dois conjuntos:
- básico, que comporta o material que será estudado, lido e pesquisado para as atividades a serem realizadas nos diversos ambientes de aprendizagem (conforme Capítulo 7), bem especificado e detalhado;
- complementar, apresentado pelo professor e/ou organizado com base em pesquisas dos alunos para estudos posteriores ou como fontes para consultas futuras.

8. Cronograma

É a distribuição das unidades e atividades durante o período letivo, indicando semanas, meses e semestres do ano. Aceita a forma de organizar o plano por unidades, cada uma delas pode, também, conter as datas em que acontecerão, incluindo-se o cronograma na própria unidade. Por exemplo, a unidade I funcionará de 3/3/2011 a 21/3/2011; a II, de 24/3/2011 a 14/3/2011 e assim por diante.

O cronograma, como todo o plano, é flexível, isto é, pode sofrer adaptações. Ele, no entanto, é essencial para que o professor não se perca durante o semestre e não seja surpreendido por ele.

(12)

Formação pedagógica do docente do ensino superior

Até aqui, foi exposto aos leitores o que se pensa sobre a formação pedagógica atual, necessária na busca de uma docência universitária com profissionalismo.

Neste último capítulo, parece natural a seguinte pergunta: Afinal, onde e como desenvolver essa formação pedagógica?

A resposta envolve vários aspectos. Sem dúvida, a primeira e mais razoável levaria aos cursos de pós-graduação. Estes, com efeito, se especificam por formar pesquisadores e docentes para o ensino superior.

No entanto, a realidade desses cursos diz que a formação do pesquisador é muito bem trabalhada, o que é necessário, inclusive, para a formação do docente. Mas a pesquisa volta-se, como é de esperar, para o aprofundamento de conteúdos e descobertas de aspectos inéditos de determinada área do conhecimento ou de tecnologias novas. O mestre ou doutor sai da pós-graduação com mais domínio em um aspecto do conhecimento e com a habilidade de pesquisar. Mas só isso será suficiente para afirmar que a pós-graduação ofereceu condições de formação adequada para o docente universitário?

Aqui existem discordâncias: há professores de pós-graduação que respondem afirmativamente à pergunta anterior. O próprio autor deste livro, com outros docentes da pós-graduação, responde negativamente, com base em uma formação pedagógica como a defendida neste livro: em geral, os cursos de pós-graduação não são suficientes aos mestrandos e doutorandos para lhes oferecer uma formação pedagógica que lhes confira competências para a docência universitária.

A defesa que se faz é de que a pós-graduação deverá ser aberta para propiciar essa formação pedagógica aos mestrandos e doutorandos.

As formas serão as mais variadas: oferecer uma disciplina optativa de metodologia do ensino superior, como fazem alguns programas, principalmente nas áreas de saúde ou educação. Oferecer, também, uma disciplina optativa baseada em um programa de educação, mas aberta a mestrandos e doutorandos de vários programas, o que constituiria um grupo heterogêneo e muito rico de experiências para estudos e análise de práticas pedagógicas, inclusive em áreas diferentes. Também seria interessante organizar seminários, *workshops* ou encontros sobre novas experiências pedagógicas realizadas no ensino superior, e incentivar pesquisas sobre o ensino superior nas diversas áreas.

A pós-graduação também poderia organizar atividades de formação pedagógica para docentes do ensino superior que não frequentam seus cursos no momento, mas se interessariam por essas atividades

— inclusive para docentes da própria universidade onde está instalada, que consideram necessária e desejam essa formação pedagógica.

Se a pós-graduação realmente se interessar em implementar essa formação pedagógica para seus pós-graduandos, certamente outras sugestões, além dessas, que poderão ser concretizadas.

Atualmente, encontram-se já em andamento duas inovações no sentido de encontrar um lócus mais apropriado para o desenvolvimento pedagógico dos docentes do ensino superior: cursos de mestrado que estão sendo planejados colocando como objetivo, explícito e formal, a formação do pesquisador e do docente do ensino superior com a consequência de repensar e reorganizar todo o currículo desse curso para propiciar aos seus alunos condições de conseguir a formação proposta.

Pode-se dar como exemplo a aprendizagem de pesquisa que se integra com estágios de docência acompanhados pelo orientador ou professor indicado para tal — as disciplinas e atividades são novas e integradas, incluindo pesquisa na área específica do projeto de dissertação que está sendo desenvolvido e na área de educação e formação de professores. O mestrado é conferido quando o mestrando demonstra ter adquirido a formação do pesquisador e do docente. Essa formação é evidenciada inclusive na defesa pública da dissertação.

Outro caminho aberto pela pesquisa é a valorização, a reorganização e um currículo novo dos cursos de especialização ou dos cursos assim chamados de pós-graduação *lato sensu* para a formação de professores do ensino superior. Nessa nova modalidade de cursos são trabalhados, de forma integrada, os aspectos das áreas profissionais a serem desenvolvidas em determinado curso e os aspectos de formação pedagógica dos docentes com diversas disciplinas e atividades.

Além da pós-graduação, as próprias instituições de ensino superior, interessadas em projetos de valorização do docente e de formação pedagógica que tragam uma melhoria de qualidade para seus cursos de graduação, também poderiam tomar algumas iniciativas. Por exemplo, com seus docentes da área de educação, criar um programa ou serviço permanente de formação pedagógica para seus professores. Poderiam ser grupos pequenos, de 15 a 20 professores de cada vez (se possível, grupos com docentes de várias disciplinas para que a heterogeneidade enriqueça a participação e auxilie na motivação), com atividades variadas de acordo com a necessidade ou expectativa do grupo: para uns poderá ser uma troca de experiências; para outros, uma atividade de sensibilização para a docência. Ainda, pode ser considerada uma oficina de planejamento ou uma forma de experimentar algumas técnicas de aula, e assim por diante. O importante é que seja uma atividade que interesse ao grupo e seja prazerosa.

Por vezes, poderá ser proveitoso contar com o apoio de um especialista ou assessor de fora para melhor motivar ou sensibilizar os docentes. Pode-se pensar em um curso inicial de sensibilização de cerca de 30 ou 40 horas, desde que haja continuidade de acompanhamento do trabalho por parte da equipe de educadores da universidade ou do próprio especialista em contatos posteriores espaçados, até que a equipe da universidade se encontre em condições de levar adiante o trabalho iniciado.

Já se encontraram, também, pequenos grupos de professores que iniciaram sua formação pedagógica com leituras individuais, estudos em grupo, troca de e-mails com outros professores, tentativas de experimentar algo de novo em suas aulas, apoiando-se uns aos outros e envolvendo sempre seus colegas. E os resultados foram bastante interessantes. Em geral, acabaram encontrando-se com outros grupos e se desenvolvendo de forma intensa.

Em qualquer das hipóteses citadas, é sempre importante contar com o conhecimento e apoio dos dirigentes da instituição onde se trabalha para realizar algumas mudanças nas aulas ou em atividades docentes.

Encerrando estas páginas, algumas palavras do autor.

> Ficaria imensamente feliz se o destino desta segunda edição fosse semelhante ao da primeira, quando pude apresentar ideias e práticas pedagógicas que pudessem ser trabalhadas das mais diversas formas possíveis, adaptando-se às diferentes turmas de alunos, aos mais diversos professores, e ao mesmo professor nos vários anos em que dele se utiliza.
>
> Seria bastante gratificante se o destino destas páginas fossem professores do ensino superior, que, delas se apossando, experimentassem-nas em suas aulas, criticando-as, adaptando-as e criando coisas novas voltadas para nosso objetivo comum: formação de pessoas que sejam profissionais competentes e cidadãos corresponsáveis pela melhoria da qualidade de vida de nossa sociedade; melhoria da qualidade dos cursos de graduação das universidades; desenvolvimento dos aspectos profissionais.
>
> Seria bastante gratificante se nossa docência no ensino superior, a partir destas reflexões e práticas coerentes, nos trouxesse também a realização profissional como docentes.

Bibliografia básica sobre formação pedagógica de docentes para o ensino superior

ABRECHT, Roland. *Avaliação formativa*. Rio Tinto (Portugal): Asa, 1994.

ANASTASIOU, Lea; PESSATE ALVES, Leonir. *Processos de ensinagem na universidade*. Joinville: Univille, 2003.

BATISTA, Nildo Alves; DA SILVA, Sylvia. *O professor de medicina*. São Paulo: Loyola, 2001.

BATISTA, Nildo Alves; BATISTA, Sylvia Helena (Orgs.). *Docência em saúde: temas e experiências*. São Paulo: Senac, 2004.

BEHRENS, Marilda Aparecida (Org.) *Docência universitária na sociedade do Conhecimento*. Curitiba: Champagnat, 2003.

BEHRENS, Marilda Aparecida. *O paradigma emergente e a prática pedagógica*. Petrópolis: Vozes, 2005.

BELLONI, Maria Luiza. *Educação a distância*. São Paulo: Autores Associados, 1999.

CANÁRIO, Rui. *A escola tem futuro? Das promessas às incertezas*. Porto Alegre: ArtMed, 2006.

CARVALHO, Antonio Cesar Perri de; KRIEGER, Léo (Orgs.) *Educação odontológica*. São Paulo: Artes Médicas, 2006.

CASTANHO, Sérgio; CASTANHO, Maria Eugênia (Orgs.). *O que há de novo na educação superior?* Campinas: Papirus, 2000.

_____. *Temas e textos em metodologia do Ensino Superior*. Campinas: Papirus, 2001.

CEBRIÁN, Manuel. *Enseñanza virtual para la inovación universitária*. Madri: Narcea, 2003.

CLAXTON, Guy. *O desafio de aprender ao longo da vida*. Porto Alegre: ArtMed, 2005.

CUNHA, Maria Isabel da. *O professor universitário na transição dos paradigmas*. Araraquara: JM Editora, 1998.

CUNHA, Maria Isabel da (Org.). *Reflexões e práticas em pedagogia universitária*. Campinas: Papirus, 2007.

DE LA TORRE, Saturnino; OLIVER, Carmen; SEVILLANO, M. Luisa (Orgs.). *Estrategias didácticas en el aula. Buscando la calidad y la innovación*. Madri: Universidad Nacional de Educación a Distancia, 2008.

DECLARAÇÃO MUNDIAL SOBRE EDUCAÇÃO SUPERIOR NO SÉCULO XXI. *Visão e ação.* Paris: Unesco, 1998.

DELORS, Jacques. *Educação - Um tesouro a descobrir.* Relatório da Comissão Internacional sobre a Educação para o séc. XXI, Unesco (Paris). Rio Tinto (Portugal): Asa, 1996.

DOLL JR., William E. *Currículo: uma perspectiva pós-moderna.* Porto Alegre: Artes Médicas, 1997.

FEUERWERKER, Laura. *Além do discurso de mudança na educação médica - Processos e resultados.* São Paulo: Hucitec, 2002.

GARRIDO, Suzane; CUNHA, Maria Isabel; MARTINI, Jussara (Orgs.). *Os rumos da educação superior.* São Leopoldo: Unisinos, 2002.

GIL, Antonio Carlos. *Didática do ensino superior.* São Paulo: Atlas, 2007.

GHIRARDI, José Garcez. *Métodos de ensino em Direito.* São Paulo: Saraiva, 2009.

GHIRARDI, José Garcez; VANZELLA, Rafael Domingos Faiardo (Orgs.). *Ensino jurídico participativo.* São Paulo: Saraiva, 2009.

HADGI, Charles. *A avaliação. Regras do jogo.* Porto (Portugal), Porto, 1994.

HARGREAVES, Andy. *O ensino na sociedade do conhecimento.* Porto Alegre: ArtMed, 2004.

HOFFMAN, Jussara. *Mito e desafio.* 8. ed. Porto Alegre: Educação e Realidade, 1991.

_____. *Avaliação mediadora.* Porto Alegre, Educação e Realidade, 1994.

IMBERNÓN, Francisco. *Formação docente e profissional.* São Paulo: Cortez, 2000.

LEITE BARBOSA, Raquel Lazzari (Org.). *Formação de educadores.* São Paulo: Unesp, 2006.

LITWIN, Edith (Org.). *Tecnologia educacional.* Porto Alegre: Artes Médicas, 1997.

MAMEDE, SILVA; PENAFORTE, JÚLIO (Orgs.). *Aprendizagem baseada em problemas.* Fortaleza: Hucitec, 2001.

MARCELO, Carlos (Ed.). *La función docente.* Madri: Editorial Sintesis, 2001.

MASETTO, Marcos; MORAN, José Manuel; BEHRENS, Marilda. *Novas tecnologias e mediação pedagógica.* 14. ed. Campinas: Papirus, 2008.

MASETTO, Marcos T. (Org.). *Docência na universidade.* Campinas: Papirus, 1998.

_____. *Competência pedagógica do professor universitário.* São Paulo: Summus, 2003.

_____. (Org.). *Ensino de engenharia – Técnicas para otimização das aulas.* São Paulo: Avercamp, 2007.

MOREIRA, Antonio Flavio B. (Org.). *Currículo: questões atuais.* Campinas: Papiros, 1997.

MOREIRA, Antonio Flavio B.; DA SILVA, Tomaz T. (Orgs.). *Currículo, cultura e sociedade.* São Paulo: Cortez, 1994.

MOROSINI, Marilia Costa (Org.). *Professor do ensino superior: identidade, docência e formação.* Brasília: Plano, 2001.

PALLOFF, Rena; PRATT, Keith. *Construindo comunidades de aprendizagem no ciberespaço – Estratégias eficientes para salas de aula on-line.* Porto Alegre: ArtMed, 2002

PALLOFF, Rena; PRATT, Keith. *O aluno virtual – Um guia para trabalhar com estudantes on-line.* Porto Alegre: ArtMed, 2004.

PÉREZ, Francisco G.; CASTILLO, Daniel P. *La mediación pedagógica.* Buenos Aires: Ediciones Ciccus La Crujia, 1999.

PERRENOUD, Philippe et al. *Formando professores profissionais.* Porto Alegre: ArtMed, 2001

PERRENOUD, Philippe et al. *As competências para ensinar no século XXI.* Porto Alegre: ArtMed, 2002

PERRENOUD, Philippe. *Avaliação.* Porto Alegre: ArtMed, 1998.

_____. *Novas competências para ensinar.* Porto Alegre: ArtMed, 2000.

PIMENTA, Selma G.; ANASTASIOU, Lea. *Docência no ensino superior.* São Paulo: Cortez, 2002.

POZO, Juan Ignácio. *Aprendizes e mestres.* Porto Alegre, ArtMed, 2002.

ROSALES, Caclos. *Avaliar é refletir sobre o ensino.* Rio Tinto (Portugal): Asa, 1994.

RUIZ, Cristina Mayor (Coord.). *Enseñanza y aprendizage en la educación superior.* Barcelona: Octaedro, 2002.

SACRISTÁN, Gimeno. *Currículo.* 3. ed. Porto Alegre: Artes Médicas, 1998.

SACRISTÁN, Gimeno J.; GÓMEZ, Angel, I. P. *Comprender y transformar la enseñanza.* Madri: Morata, 1996.

SILVA , Ana Célia Bahia. *Projeto pedagógico — Instrumento de gestão e mudança.* Belém: Unama, 2000.

SILVA, Ricardo; SILVA, Anabela (Orgs.). *Educação, aprendizagem e tecnologia – Um paradigma para professores do século XXI.* Lisboa: Silabo, 2005.

SORDI, Mara Regina de. *A prática da avaliação do ensino superior (experiência em enfermagem).* São Paulo: Cortez, 1995.

TARDIF, Maurice. *Saberes docentes e formação profissional.* Petrópolis: Vozes, 2002.

TAVARES, José. *Formação e inovação no ensino superior.* Porto (Portugal): Porto, 2003.

TEODORO, Antonio; VASCONCELOS, Maria Lucia (Orgs.). *Ensinar e aprender no ensino superior.* São Paulo: Cortez e Mackenzie, 2003.

VALENTE, José Armando (Org.). *O computador na sociedade do conhecimento.* Campinas, Unicamp/Nied, 1999.

VALENTE, Jose Armando; MAZZONE, Jaures; BARANAUSKAS, Maria C. (Orgs.). *Aprendizagem na era das tecnologias digitais.* São Paulo: Cortez, 2007.

VEIGA, Ilma Passos A.; CASTANHO, Maria Eugênia (Orgs.). *Pedagogia universitária – A aula em foco.* Campinas: Papirus, 2000.

VILLAS BOAS, Benigna M. F. (Org.). *Avaliação: políticas e práticas.* Campinas: Papirus, 2002.

YOUNG, Michael F. D. *O currículo do futuro.* Campinas: Papirus, 2000.

ZABALZA, Miguel A. *O ensino universitário, seu cenário e seus protagonistas.* Porto Alegre: Artmed, 2004.

_____. *Competências docentes del profesorado universitário – Calidad y desarrollo profesional.* Madri: Narcea, 2006.

www.gruposummus.com.br

IMPRESSO NA
sumago gráfica editorial ltda
rua itauna, 789   vila maria
02111-031   são paulo   sp
tel e fax 11 **2955 5636**
sumago@sumago.com.br